インバウンドの罠

脱「観光消費」の時代

姫田 小夏
HIMEDA, Konatsu

時事通信社

はじめに

日本を訪れる外国人観光客は、あっという間に年間2000万人を超えた。2020年にはその数は4000万人になるという。ビザの緩和、海外での宣伝活動、観光予算の増額、助成金のばらまきと、目下、日本政府はありとあらゆる手段を駆使して訪日観光客のかき集めに奮闘している。観光を成長戦略の大きな柱に据え、地方創生の切り札と位置付ける政府主導の訪日客集めの根底には、2020年に8兆円規模への成長が見込まれる観光消費への期待がある。この消費を伸ばせば、少子高齢化で枯れていく日本経済も少しはよくなる可能性はある。

4000万人の訪日客を迎え入れることは、最大多数を占める中国人客をさらに増やすことにほかならない。地方に分散されるとはいえ、今後さらなる数の中国人客が訪日するとしたら、私たちはそれに身構えないではいられない。「爆買い」でも経験済みだが、善きにつけ悪しきにつけ、中国人客がもたらす影響力は小さくないからだ。今や世界のどの国も、中国からあふれ出る観光客に手を焼いている。経済効果からすれば確かに「いいお客さん」ではあるが、残念ながら一般市民の心境は複雑だというのは世界のどの国にも共通している。そこで本書

「ＰＡＲＴ１」では、中国人客に翻弄される日本のインバウンドの現状をクローズアップし、一般には知られていないその実態をつまびらかにした。

他方、インバウンドは関連業界のみならず地元経済から生活者まで、影響を及ぼす範囲が大きい。事によっては、まちづくりをも大きく左右する。瞬間的な儲けだけを追求する事業者や自治体も散見されるが、必要とされるのは将来を見据えた長期的な展望だ。２００３年の小泉首相による「観光立国宣言」以降、官主導のその取り組みは速いペースで進められ、数字上では好調な推移を見せている。外国人客は確かに数兆円規模の経済効果をもたらしているが、その一方で失ったものもある。

筆者は東京都中野区に在住しているが、ＪＲ中野駅から北に延びる「中野サンモール商店街」はここ数年で様変わりした。商店街を闊歩《かっぽ》するのは外国人客、中野も海外からの客を惹《ひ》きつける〝観光地〟になったのはうれしいことだが、その半面、中野に根を張る地元資本の商店が次々と姿を消し、中野らしさが失われるようになった。入れ代わるようにして新装オープンするのは、どこの街にもあるチェーン店舗ばかりだ。

東京最大の観光地の一つである浅草も変わった。2020年の東京五輪を見込んでの一大変化の局面の中で、浅草の客層は外国人観光客が主となり、これをターゲットにした商業施設が続々と進出している。「浅草六区」といえば、〝昭和レトロ〟を味わえる土地柄でもあったが今は違う。藤棚の藤が大きく枝を伸ばす「初音小路」は、創業50年級の昭和の酒場が肩を寄せ合っているが、2017年初夏、隣地で進むホテル建設のため1本の藤の木が切られた。日本のルポルタージュ作家・石角春之助はその著『浅草経済学』（文人社、1933年）で、「新、旧入り乱れてこそ、浅草らしい情緒が表現されるのだ」と伝えているが、まったくその通りだ。風情を失う浅草に残る魅力は何なのだろうか。

観光立国を目指すのは素晴らしいことだ。しかし、現在の日本のインバウンドは「経済効果」の一点張りで、あまりに目標数値達成に追われてしまっている。インバウンド事業とまちづくりのあるべき方向性とは何だろう。「PART2」ではこの解を求めて、各地の取り組みの実態を取材した。

東京五輪を前に、インバウンドはいよいよ佳境に入った。私たちにとってインバウンドとはどうあるべきなのか、市民目線で見つめ直してみたいと思う。

インバウンドの罠◆もくじ

PART 1
危ないインバウンド
——中国人客に翻弄される日本のインバウンド

PART 2　されどインバウンド
――「経済効果」一点張りを脱却した〝あるべきインバウンド〟

カバー写真＝読売新聞／アフロ
装幀・デザイン本文＝デックC．C．　梅井裕子
※本文中の写真は筆者撮影

PART 1

危ないインバウンド

中国人客に翻弄される日本のインバウンド

2017年1月、日本政府観光局（JNTO）は「2016年の訪日外客数は、統計開始以来過去最多の2403・9万人」と発表した。2012年までは年間800万人前後だったその数は、このわずか4年で3倍となった。

2020年の東京五輪を目前に、インバウンド・ツーリズムはひときわ盛り上がりを見せる気配だ。地方自治体はもとより、観光業、ホテル業、小売業、飲食業などを含む関連業界は、これがもたらす経済効果に大きな期待を寄せているが、中でも消費力のある中国人客の消費力に依然、高い関心が向けられている。

経済効果を追求する日本にとって、確かに中国人客は欠かすことのできない〝上客〟だ。しかし困ったことに、そこには常に「極端でアンバランスな現象」が伴う。買い占め、割り込み、マナー違反――。数年前の「爆買い」ブームの際には、首都圏の生活者もすっかりこれに巻き込まれた。

かつて私たちは中国について語るとき、不動産バブルもアングラビジネスも「所詮、海の

図1　過去10年の訪日外客数および中国人客数の推移

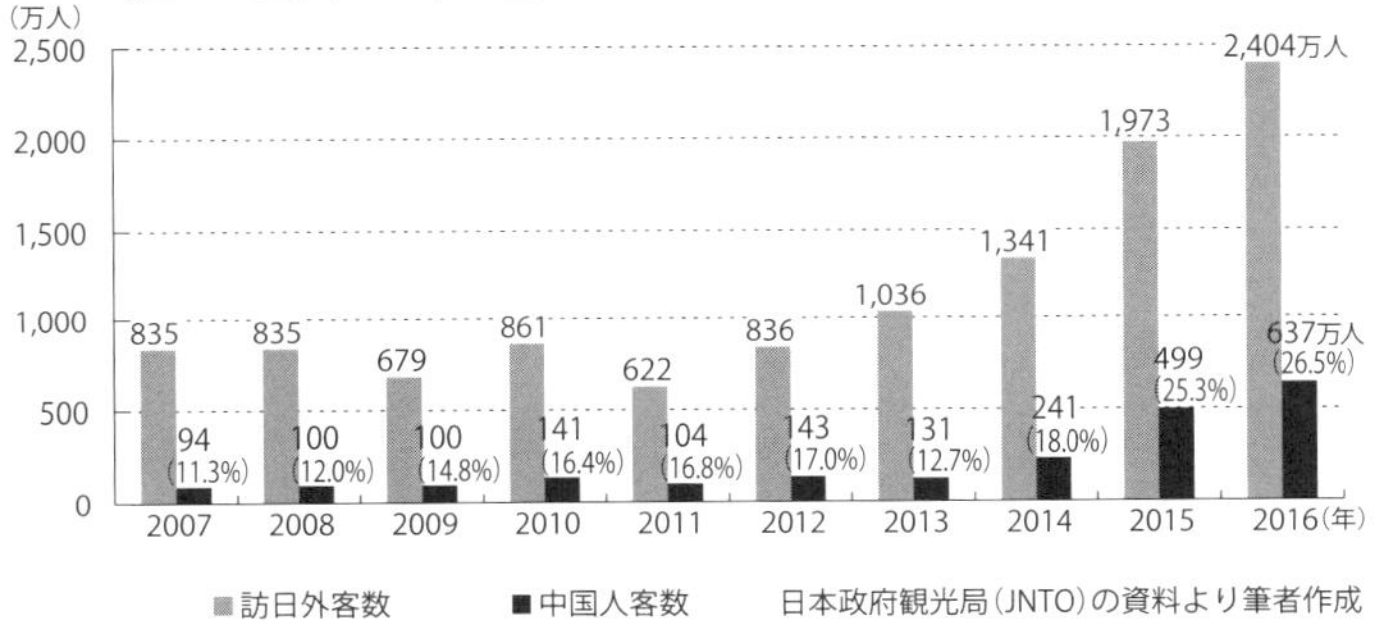

日本政府観光局（JNTO）の資料より筆者作成

向こうの話だから」と、自分たちの生活と切り離して考えることができた。だが、今や中国から人やお金が押し寄せる時代であり、私たちの生活も彼らの存在と無縁ではいられない。

そこでこの「PART1」では、中国人客に翻弄される日本のインバウンドの現状に迫った。第1章では、日本の消費者が、外国人客、とりわけ中国人客への行きすぎたサービスを快く思っていないことを取り上げた。第2章では「爆買い」が中国にもたらした変化を追い、同時に、なぜ中国人は中国で消費しないか、について考察した。第3章では他のアジアの国と地域が中国人客をどう受け止めているのかについて書いた。第4章では、クルーズ船で訪れる中国人客は地元消費に直結した消費をほとんど行わないことについて触れた。筆者は寺社をトイレ代わりに利用する中国人団体客を目の当たりにしたが、地元経済を潤すどころか、資源消費に拍車をかける実態に少なからずショックを受けた。

他方、中国人客の一人ひとりに目を向ける努力も怠ることはできない。対日感情が大きく変化している事実を見いだせるからだ。「愛国」「反日」が強いお国柄の人々が、なぜ日本に目を向けるのかについては、ここで改めて検証したいところだ。そこで第5章では中国人に映る日本人、そして日本ブランドについて取り上げた。第6章では、中国人客の移動とともに日本にも入ってきた「中国式の決済方法」について紹介した。便利ではあるが、マネーロンダリングと背中合わせのリスクがあることは日本の事業者も知っておかなければならない。第7章では、日本のインバウンドに寄生する闇の中国資本に注目した。換言すれば、この非正規事業者の暗躍が日本の観光産業の成長を阻害していると言えるのだ。第8章では、中国人の買い物の対象は住宅にまで及んでいることに触れた。この延長に、早晩、中国からの移民も本格化するだろう。都心部では中国人客が一般市民の生活圏にまで入ってくるようになった。最後の第9章では、それに戸惑う都内の事業者に注目した。

このように影響力のある中国人客をどう受け入れるのかは、今や一般市民にとって大きな課題になっている。

第1章 「国民ファースト」を忘れた日本の「おもてなし」

1 お得感でしか動かない中国人の行動原理

２０１５年４月、筆者は成田空港国際線の第２ターミナルから上海に向かおうとしていた。時間に余裕を持って出発の２時間以上も前に到着したが、筆者の目の前にはすでに長い列ができていた。

その長蛇の列の先頭をたどった先には、中国国際航空のチェックインカウンターがあった。列に並ぶのは中国に帰国する中国人客が大半であり、カートに載せられたトランクや段ボールの山は、まさしく「爆買い」による戦利品だ。

ところが、この列は待てど暮らせど、なかなか先に進まない。かつて、ビジネス客が中心だった日中線は、比較的軽装のビジネス客が多く、チェックインもスムーズだった。少なくとも出発時間の2時間以上も前から長蛇の列が伸びることはなかった。

これはおかしい、と思いチェックインカウンターに目を凝らすと、そこには預け荷物の重量オーバーを指摘された中国人が規定の重量に収めようと荷物減らしに奮闘する姿があった。しゃがみ込み、トランクを開いて、重い荷物を取り除く、そんな光景がどのカウンターの前でも繰り広げられていた。これが、「長蛇」

空港での長蛇の列

の原因である。長蛇の列には順番待ちの高齢者や小さな子どももいるとなれば、好ましい光景だとはいえない。

これだけ買い物をしても旺盛な購買意欲は収まらないようだ。チェックインを済ませた彼らが向かうのは搭乗ゲートに近い免税の土産品店だ。レジカウンターには日本の銘菓「白い恋人」や「キットカット」が十数箱も積み上がっている。たった一人でこれだけの数を買うのだ。

空港の免税品売り場は早くも「売り切れ御免」が続出中だ。まさにその消費形態は「あればあるだけ買う」というもので、さながら奪い尽くされた戦場のような光景だ。そしてレジで待っているのは、またしても長蛇の列である。「爆買い」の恐ろしさを目の当たりにした瞬間だった。

「爆買い」動機は「お得だから」

「爆買い」には、「他人のための買い物」も含まれていた。中国のネット販売に出品するための商品仕入れを、中国人観光客に代理購入（中国語で代購《ダイゴウ》）させるという手口がそれだ。ツアーの添乗員が「代購」の組織から依頼を受け、それを観光客に買い物をさせる「白昼堂々の密輸行為」は大規模に行われてきた。タックスフリーショッピングサービスの大手であるグローバルブルーが行った調査によれば、中国からの観光客の買い物のうち、４割がこの「代購」だという。

その是非についてはここで論じないが、こうした現象が起きたのも日本製品に相当なお得感が存在したためである。物価の上昇が止まらない中国では、日本での買い物が異常なほど安く感じられるのだ。しかも、２０１５年は円安でそのお得感はさらに強まった。上海在住の中国人女性は「なぜこれほどまでに日本で買い物するのか」という筆者の質問に対してこう答えた。

「日本のブランドがいい、日本製品が優れている、などと言われているけど、それだけが理由ではありません。単に『お得』だから買うんです」

2015年、訪日外国人旅行者数は前年比47・1%増の1973万7400人（日本政府観光局）となった。このうち、中国からの訪日客は499万人で、前年の240万人から倍増した。これに伴い、訪日外国人旅行者の旅行消費額も増え、3兆4771億円になった。約3・5兆円のうち、4割を占めるのが中国人による消費であった。

安倍政権は今後もさらに訪日客を増やす考えだというが、この「爆買い」現象は、長続きはしなかった。2015年は円安効果や免税枠の広がり、クルーズ船の寄港や航空路線の拡大に支えられた特別な1年だったからでもある。2015年の新語・流行語大賞の年間大賞に「爆買い」という言葉が選ばれたが、私たち日本人は、中国人による大量の買い物が日本経済に大きな影響力をもたらしたことを目の当たりにした。

「爆買い」で離れていった日本人客

由緒ある名店に丁寧な接客――、銀座をして別格だと言わしめる理由はここにある。その銀座での買い物は日本人にとっての一種のステイタスでもあるが、「爆買い」が蔓《まん》延したその頃、銀座ではこんな失望の声も上がった。

「あの店にはもう二度と行きません」

こう語ったのは、武蔵野市在住の主婦・佐藤智美さん（仮名）だ。銀座の百貨店の地下で高級食材を購入しようとしたとき、こんなことがあった。

「販売員に商品の詳細を尋ねようとしたら、中国人観光客が入ってきました。販売員は〝爆買い客〟だと見込んだのでしょう、商品説明も途中なのに気もそぞろ、さっさと私の会計を終わらせてしまいました。今どき、〝爆買い〟でもしないと十分なサービスを受けることができないんですね」

中央区に住む会社社長の光村真美さん（仮名）も、買い物には銀座の店舗を愛用する一人だ。店員と会話を交わしながら品定めするのがこれまでの楽しみだったというが、「爆買い」旋風が吹き荒れた２０１５年は違った。訪れた靴売り場では「ごゆっくりとお選びください」と突き放されるだけ。光村さんも「私は〝爆買い客〟じゃありませんから。靴一足じゃ、相手にしてもらえないですね」と苦笑する。

店舗改装はインバウンドの王道だが

こうした日本人客の不満の声は、銀座の店舗経営陣の耳にも届いていた。銀座の店舗が加盟する連絡会の懇親会に集まった経営者たちは、こんなことをささやいていた。

「うちも日本人のお客様からのクレームに頭を痛めているんです」

大切にすべきは「長年のお得意様である日本人客」なのか、それとも「購買単価の高い中国人客」なのか。銀座に立地する店舗が抱えているのはそんなジレンマだった。そもそも、静かで落ち着いた雰囲気を好む日本人と、にぎやかで派手さを好む中国人とでは真逆の性格、互いに同じ空間で相容れることは難しい。そのため、店舗によっては中国人向けの接客スペースと日本人向けの接客スペースを分ける工夫が見られた。また、こうすることが〝爆買い対応の王道〟ともいわれてきた。

銀座5丁目のファンケル銀座スクエアがその代表的な事例だ。化粧品のファンケルは、「無添加」というコンセプトが中国で支持されており、日本でインバウンド・ツーリズムが本格化する以前から、店舗には中国人客の姿が多く見られた。

横付けされた観光バスからは中国人客がドッと降りてくる。「あの商品はないの」「これを50

箱ちょうだい」——押し寄せてくる中国人客にスタッフらはただただ対応するのに精一杯だった。挙句に「バスに間に合わないから！」と商品山積みのカートを押しながら、一緒に銀座通りを走らされた。

一方、長年の日本の愛用者にとって、こうした売り場の変化は受け入れ難いものだった。そこで同館は２０１３年、他社に先駆けて店舗の改装に踏み切った。１階を「買い物時間の限られている中国・アジア人客向けのフロア」、２階以上を「ゆっくりと買い物を楽しみたい日本人客向けのフロア」と、大きくレイアウト変更したのだ。

それから2年後の２０１５年、「爆買い」の大波が到来した。効率よく空間を分けたつもりだったが、館長の深澤典子さんは「それでも日本人のお客様にご納得していただけないこともありました」と話す。１階の混雑した売り場を見て入店を躊躇し、トイレの使い方に目を覆う日本人客もいたという。深澤さんに届くクレームは一つや二つではなかった。

その「お叱り」は、「購買単価の高い中国人客ばかりに気を取られ、長年の日本人客を粗末にしていいのか」というメッセージを含むものだった。決して中国人客ばかりに注力していたわけではなく、日本人客に対しても旗艦店として最高のもてなしを心掛けていたが、「さすがに長年のお客様からのお叱りはこたえた」という深澤さん、「大切なのは日本人客と外国人客の両輪体制、それぞれが望む接客に応えること」だと考え、その姿勢を徹底することにした。

インバウンド・ツーリズムが緒に就いたばかりの頃、銀座では中国人客向けのサービスの充実に積極的に対応しようという動きが見られた。しかし、予想を超えるおびただしい数の中国人客が訪れるようになってからは、店舗側がむしろ気にかけるのは「日本人客の反応」になっていったのである。

2 「爆買い」による買い占めで国民生活が混乱

中国人客がもたらした「爆買い」は、観光地や一部の量販店のみで起こった現象ではなかった。彼らは生活圏にも足を踏み入れるようになり、首都圏の至る所で、彼らの旺盛な消費行動が展開された。

2015年3月、筆者の居住地に近い都内のドラッグストアでこんなことが起こった。中国人客による買い占めである。中年の中国人女性が歯ブラシが陳列されている棚の前に立ち、おもむろに大量の歯ブラシを右手で鷲づかみにしたのである。女性の左腕で抱える（なぜかカゴは持たない）歯ブラシの束はみるみる大きくなった。彼女が狙っていたのはライオン製の「ビトイーン」で、特価78円の商品だった。2014年4月に安倍政権が8％の消費税を導入し、日本の主婦たちは「安くていい品」に敏感になっていた。こうした中で、これら商品は地元民にとって魅力あるものだった。
だが、特価品の歯ブラシは、筆者の目の前であっという間に姿を消した。さすがにこれには驚いた。相手は見ず知らずの中国人客だったが、思わず「そんなに買って転売でもするの？」と声をかけた。すると、「家族で使う」と答える。しかし、この女性が買った歯ブラシの束は、向こう数年分のストックにも相当する。「家族向けの買い物」と説明するにはあまりに大量で不自然だった。「この歯ブラシは使いやすいんですか？」と笑顔で切り出すと、彼女は気を許したのか、こう打ち明けた。

「中国では日本の歯ブラシがよく売れているのよ。現地での販売価格は高いから、日本から持ち帰ればいい商売になるの。しかも軽いし、かさばらないでしょ」

「爆買い」で原料が枯渇

ドラッグストアで「爆買い」の対象となるのはこれだけではなかった。馬油《バーユ》を使ったハンドクリームもターゲットになった。馬油は皮膚を保護する効果が高い。九州の某ブランドなどは知る人ぞ知るもので、日本中に長年の愛用者が存在した。だがこれも店頭から忽《こつ》然と消えてなくなった。入荷を待つこと数週間。さらに1カ月以上待っても陳列棚の「馬油」コーナーは欠品のままだった。さすがにしびれを切らし、店員に次回の入荷予定を尋ねると、「いわゆる『爆買い』の影響。中国の方にすごく人気で、出せば出すだけ、あればあるだけ買い占めていく」という答えが返ってきた。今度は直接メーカーに問い合わせると、次のような事情が浮き彫りになった。

「品薄が原因で、日本の市場はもはや止まりかけています」（当時）

欠品だらけの棚（2015年9月、都内の総合ディスカウントストア）

馬の体から採れる原料そのものが希少であり、製品化には1年半を費やさなければならず、そう簡単には増産が図れないというのだ。ましてや「爆買い」という消費市場の急変にはとても対応できない状態だという。この馬油は、中国古来の文献に由来する馬の油の効能に注目したこのメーカーが製品化したのだが、中国の伝統を取り入れた点が評価されたのか、中国人の間でもSNSや口コミで、「日本で買うならコレ！」と情報が拡散した。

一方、これを愛用する京都市在住の日本人女性は、

「髪の毛にもボディーにも使える万能薬」と評価しつつ、「近年は値上げについていくのが大変だった」と明かした。数年前まで量販店で1000円もしなかったハンドクリーム（75㎖サイズ）は2015年には定価で2160円、ドラッグストアなどの量販店でも1500円を上回る価格に跳ね上がってしまったのだ。

ドラッグストアは「爆買い」により未曾有の売り上げを記録したところもあるだろう。だが、その一方で、店舗側は販売管理に相当頭を痛めた。「爆買い」によって常に発生する在庫薄を懸念し、「爆買い防止」にあえて棚に置かないという工夫も行った。「おひとり様1個限り」と限定販売することで、販売のバランスを保つようにもした。紙オムツに至っては日本全国の主婦からメーカーに苦情が殺到した。メーカーも流通も消費者も「爆買い」にはすっかり翻弄させられたというのが実態だった。

「日用品も消費税免税」に憤る主婦たち

中国人訪日客といえば、東京都内では銀座、秋葉原、上野、浅草など「23区の東側」を好んで訪れたものだったが、近年、個人旅行客の増加に伴い、その行動範囲は23区を越え西に拡散するようになった。「三鷹の森ジブリ美術館」に近いJR中央線・吉祥寺（武蔵野市）にも多くの中国人客が訪れるようになった。閑静で広大な井の頭公園やセレブ感が漂う魅力的な店舗もあり、散策にはうってつけの街だ。

だが地元民は、必ずしもそれを全面的には歓迎していない。吉祥寺在住の主婦・島村千佳さん（仮名）は「これまで快適だった買い物ができなくなってしまった」と訴える。行きつけの店舗では中国人女性が２人、店内の狭い通路にしゃがみ込み、スマホを見ながらゴソゴソとカゴに入れた商品の選別を始める。通路の占拠は数分にも及び、欲しい商品を手に取ることができない――「爆買い」を前後して、殺到する中国人客によって島村さんの買い物環境はすっかり変わってしまった。

その一方で、島村さんは、「お土産定番品の酒やタバコならともかく、日常の生活用品まで８％の免税にする必要性があるのか」と、「外国人旅行者向け消費税免税制度」に対し不公平感を訴えた。

日本政府は、訪日外国人旅行者がもたらす経済効果に期待を高め、東京五輪が開催される２０２０年に向けて〝ショッピング大国〟を目指す取り組みを進めている。それに先立って、政府は２０１４年10月から、外国人旅行者向けの消費税免税枠を食品や薬品、化粧品などの消耗品にまで適用させ、２０１６年５月には最低購入金額の引き下げを行ったのである。

経済効果という側面からすれば、この制度改正は流通小売業界にとってプラスの効果をもたらすだろうが、日々の買い物を任される都市部の主婦からすれば納得し難いものである。島村さんも「経済効果だけでは善し悪しは測れない」と反発する。

買い占めは歓迎できない

筆者は中国で、買い物の対象を一つに絞った「買い占め」という現象をまれに見た。思い出すのが2011年3月に中国沿海部で発生した「塩の買い占め現象」である。東日本大震災で発生した東京電力福島第一原子力発電所の事故直後、中国では「ヨウ素入りの塩が放射性物質の沈着を防ぐ」という噂が流れ、市民は塩を求めて小売店に殺到し、店頭の塩が品切れになる事態が起こったのだ。今でこそ笑い話だが、中には一生かけても消費し切れないほどの塩を買うという「塩の独り占め」さえあったという。

また、筆者が上海に在住していた2003年のSARS禍では「板藍根《バンランゲン》」が買い占めの対象になった。予防にいいと噂され、市民が薬局になだれ込む様子をたびたび目撃している。このように、誰かが「これはいい」と言ったその商品に、一瞬にして火がつくことが中国ではまれにある。多くの中国人の関心がその商品に注がれ、「みんなが買うなら」という群集心理とともに買い占めが起こる。

「爆買い」という特徴的な中国人の消費行動は、一時的に日本経済に恩恵をもたらした一面もある。だがその一方で、一部の商品では買い占めに近い状況をも生み、品不足や価格上昇という形で日本国内の消費者に影響を与えたことも見逃すことはできない。増産すればいいではないか、という考えもあるだろうが、メーカー側は原料調達の事情などもあり簡単に増産に踏み切れない。ましてや、二国間の政治リスクを考えれば、メーカーもまた「爆買い」を手放しで歓迎はできないはずだ。ひとたび関係が冷え切れば、一瞬にして不買運動が起き、中国からの旅行者も途絶え、結果、中国人向けに準備していた在庫はだぶつく。どのメーカーも、これらのことは尖閣諸島国有化を発端とする2012年9月の反日デモ時に経験済みだ。

他方、世界に目を向ければ、もっと高額なものが買い物の対象になった。住宅がそれだ。カナダやオーストラリアでは、中国人による不動産投資の結果、価格が急上昇し、本当に住宅を必要としている現地住民の手の届かないものになってしまった。

巨額の富を一手に集中させた個人が、その富で買えるだけのものを買い占める――。中国の発展過程が生んだ富の再分配のアンバランスは、日本の生活者にも影響を与える時代になってしまった。付加価値の高い製品につけられた合理的な価格、その日本製を喜んで買ってくれるのは有り難いことだが、「爆買い」という偏った消費行動は、国民の「安定的な利用」を遠ざけることにもつながった。

3　「外国人客は神様」、金持ち訪日客を優遇する日本

英語、中国語、韓国語――。日本の都市部では、いつの間にか多言語表記の案内板を至る所で目にするようになった。公共交通では多言語のアナウンスが流れることも当たり前となり、街中では今までに見たこともないようなサービスが一気に増えた。その変化に驚く日本人女性がいる。米国在住の三井真由美さん（仮名）だ。久しぶりに訪れた日本は、「訪日外国人客への熱烈歓迎ムード一色で、むしろ当惑しました」と本音を語る。

「デパートや都心の家電量販店だけではなく、ちょっとしたスーパーやドラッグストアまでにも免税制度が導入されていてびっくり。それも、お店のレジでは免税価格で買えてしまうという便利さなんですから」

前職が客室乗務員ということもあり、旅の経験が豊かな三井さんだが、「日本ほどの〝外国人向けサービス〟は欧米では見たことがありません」という。

ヨーロッパやアメリカでも外国人客の買い物に対して税金を還付する制度はあるにはあるが、

一度税金を払い、別の免税窓口に行くか、または空港の免税カウンターに出向かないと還付されないのが一般的だ。結局、少額の場合は手続きが面倒になるので、行かないで済ませてしまう旅行客も多い。三井さんは素朴な疑問を投げかける。

「免税にしなくても、訪日外国人客は必ず買い物するはずなのに。日本はなぜそこまでやるのかしら？」

三井さんはハワイを例に挙げた。ハワイは世界から観光客が集まる土地柄、島内の消費物資も外からの輸入に依存しているため物価が非常に高い。そのため、ハワイ州政府は地元居住者を保護する意味合いから「カマアイナ・レート」という制度を設けており、居住者はホテルや飲食店、小売店やゴルフ場、テーマパークなどの娯楽施設で「地元住民・限定価格」でサービスを受けることができるという。他方、外国人観光客に対しては特段、支払い面での優遇は行われていない。

だが、たとえハワイでの買い物が割高だったとしても、それでハワイの魅力が失われるだろうか。ハワイには買い物以上の魅力があるからこそ、今なお多くの観光客を世界中から惹《ひ》きつけるのだ。「今の日本では、外国人を対象にした過度な割引や優遇などのサービスが目につきますが、それは本当に必要なことなんでしょうか」と三井さんは率直な疑問をぶつける。

「そこまで安売りしなくても」という考え方は、彼女のような海外旅行通の間でよく耳にすることがある。丸の内のオフィスに勤務する田村朋子さん（仮名）の趣味は海外でのダイビングだが、旅先で割引に期待することはほとんどないと話す。

「旅先で予想外の出費をするのは覚悟の上ですよ。外国人と分かれば吹っかけられますし、現地の価格相場なんて最初から分かりません。せめてその国の国民と同じ価格で買い物ができれば満足です」

訪日外国人客には手厚く

小売の免税制度のみならず、交通面でも過剰な割引が目につく。2015年、シンガポールから東京へ旅行に来た友人のイ・ボーンさんが羽田空港で買ったのは、「大人1人1900円で3日間乗り降り自由」という、京浜急行電鉄が発行する訪日外国人客専用のレールパスだった。

こうした周遊券は欧州などにもサービスとして定着しているが、驚くのはその安さだ。1日当たりに換算すれば633円。例えば、京急空港線エアポート急行を使って羽田空港国際線ターミナル駅から泉岳寺駅の区間を普通料金で乗れば407円だから、ものすごく割安感のあるパスだということが分かる。

どう考えても安すぎるので、筆者は後日京急のサイトで調べてみた。当時、イ・ボーンさんが買った「大人3日間1900円」という乗り放題切符はすでに姿を消していたが、それでも「大人3日間2200円」（2017年6月時点）という乗り放題切符は販売されていた。イ・ボーンさんは言う。

「ディスカウントは歓迎ですが、もともと日本の交通運賃の料金設定は合理的ですよ。パスがないから乗らない、というわけでもありません」

海外旅行に出向く客といえば、大抵が生活に余裕のある人たちだ。いわゆる富裕層にとって、国内の交通運賃などは割引があろうとなかろうとさほど大きな問題ではない。だとしたらなぜ、ここまでの大安売りを展開しなければならないのだろう。国際観光マーケティングに詳しい専門家は、次のように語ってくれた。

「現在、鉄道事業者は訪日外国人客をつかもうと必死です。なぜなら沿線の人口が減り、運輸収入が減っているためです。『空気を乗せて走っている』ともいわれ、よもや廃線も覚悟しなければならない路線もある。そこに現れたのが訪日外国人客です。『どんなに安い料金を設定してでも1人でも多くの人に乗ってもらいたい』というのが切羽詰まった鉄道各社の本音なのでしょう」

中国人客にばかり気を取られ

冒頭で、日本の大都市部で多言語表記やアナウンスが増えたことに触れた。三井さんが述べた違和感は筆者も同感で、「爆買い」当時の各百貨店における「銀聯《ぎんれん》カードの利用普及の熱心さ」には〝行きすぎ〟を感じないではいられなかった。

例えば、池袋西口に百貨店の丸井があるが、丸井もまた銀聯カードの利用普及に熱心な百貨店の一つだ。建物には「銀聯カード利用」を呼びかける垂れ幕を大々的に掲げ、店内にも「銀聯カード利用なら○%オフ」などの看板が下がる。「銀聯カード保有者である中国人客」へのサービスを重視していることは一目瞭然だ。もちろん、「銀聯カード使えます」を強調する百貨店はほかにもある。デビットカードの機能を持つ銀聯カードを使えば、高額商品の決済もその場でできてしまうこともあり、百貨店にとって「中国人客に売るために欠かせない重要なツール」だからだ（銀聯カードについては第6章で詳述する）。

確かに、ビジネスである以上、買ってくれるお客様に対応するのは当然のことで、高額消費をもたらす中国のお客様を大切にするのは道理にかなっている。だが、そこに〝行きすぎ〟はなかったのか。そこにはこんなエピソードもある。日本を訪れた別の国の観光客が、銀座の百貨店にこんなクレームをつけたという。

「この百貨店は銀聯カードしか使えないのかね?」

銀聯カードを強調するなら、同じように「VISA」や「マスター」の表示をしてくれ、という要望をほのめかしたものだ。あまりにも中国の「銀聯カード」を強調しすぎる百貨店に向けた〝皮肉たっぷりのエピソード〟である。

ビジネスである以上、買ってくれるお客様に対応するのは当然のこと——だろうが、それにしても「中国人の財布」ばかりに気を取られすぎではないのか。お客は中国人だけではないのである。

第2章 「爆買い」で変わる中国の小売流通

1 中国で「爆買い」パワーが炸裂しない理由

消費意欲旺盛な中国人だが、中国でも「爆買い」パワーを発揮したのだろうか――、そんな素朴な疑問を抱いている方もいるのではないだろうか。

日本で「爆買い」パワーが炸裂した2015年、実は中国では消費が低迷していた。地元メディアは、春節期間を含む第1四半期において、上海市の百貨店の業績は振るわなかったと報じた。その売上高は160億4400万元（約3000億円）となり、前年同期比7・5％の減少となったのである。2014年上半期、上海市の百貨店は歴史的な落ち込みを経験したが、翌年もそれを引きずったのだ。

ところが、海外ではなぜか中国人の「爆買い」が弾けた。2015年の春節期間に日本を訪れた中国人旅行客は、10日間で総計60億元（当時のレートで約1125億円）を消費し（中国メディア『中国経営報』）、4月の花見シーズンに重なる清明節の休暇だけで総計70億元（約1370億円）を消費した（『日本経済新聞』）といわれている。この年、前年比107％増の499万人超の中国人客が訪日し、その旅行消費はおよそ1・4兆円に上った。

日本発祥の「爆買い」という言葉は、中国でも「爆买《バオマイ》」という単語となり通用するようになった。とはいえ、中国側からすれば、国産品の販売を停滞させ税収低下をもたらす元凶ともいえる。日本のみならず香港や欧州など、世界各地で繰り広げられた中国人旅行客による「大量購買」は、大きな損失を招く「有難迷惑」な現象でもあった。

上海の売り場に「欲しいものはない」

中国でなぜ人々は物を買わないのか、その理由はいくつかある。2015年は習近平政権による倹約令に加え、不動産価格の頭打ちなどが消費マインドを冷え込ませたといわれたが、それだけではない。例えば、昨今の上海は中間層がようやく経済力を蓄えてきたにもかかわらず、売り場には依然「欲しいものがない」。それが大きな原因の一つになっている。

中国経済を牽引する上海では、毎年続々とショッピングセンターが新設された。売り場面積は拡大の一途をたどったが、その発展は「高級路線一辺倒」とでもいうべき歪んだものだった。

どこの小売業態も海外の高級ブランドがフロアを埋め、「上海の街で買い物」といえば、〝高級ブランド〟もしくは〝ニセモノ・B級品〟という両極化をたどった。2013年は、上海の中心地ではショッピングセンターの開設ラッシュで、目抜き通りの南京西路や淮海中路には、日本では見たこともない〝海外の高級ブランドてんこ盛り〟の超豪華な商業施設が現れた。しかし、それらは警備員が固くガードする〝ゴージャスの極地〟ともいえるような買い物空間であり、一握りの富裕層を対象にした〝特権的商業施設〟でしかなかった。

上海で長年店舗展開を行ってきた某ブランドの管理職のコメントは興味深い。「主要顧客は役人への付け届けを狙う企業経営者たち」でもあり、「その比重は決して小さくはない」のだという。不動産バブルに沸く上海など沿海部の大都市圏では、役人を動かし少しでも有利に事を運ぶため、こうした〝プレゼント〟が当たり前のように行われてきた。

また、地価が高騰した大都市圏ではおのずとテナント料も高騰し、もはやこうした海外の高級ブランド品の販売でしか利益を出せなくなっていた。

上海にこれだけ林立する豪華版ブランドモールだが、残念ながらそれは、鉄とコンクリートのハコモノ開発の域を出るものではない。上海市の1人当たりGDPは2008年には1万ドルを超え先進都市入りを果たしたものの、利用者の利便性の向上は後回しにされ、ましてや「対面で物を買う」という楽しみなどは味わえない買い物空間になった。昨今の地価高騰や特権階級向けマーチャンダイジングは、上海市民を本当の意味での「買い物の楽しさ」から遠ざけているのが実情である。上海の女子大生の「友人と映画館に遊びに行く以外は、上海で消費しないで海外旅行に行く」というコメントは、大都市・上海ですら、飲食店を除けば満足な消費スポットがないことを裏付けている。

筆者の友人の黄《ファン》さん一家は上海市虹口区に住んでいるが、土日もほとんど家を離れることはない。学生である限り、日夜宿題漬けというのは中国人の宿命で、中学生の一人娘も〝宿題の山〟で外出するどころではないのだ。多くの世帯において優先すべきは子どもの学習時間であり、交通費を含めた節約――そのため、一般市民の生活には「土日の買い物」や「休日の行楽」という習慣は日本ほど根付いていない。

黄さんは「外出すれば交通費が掛かる。欲しいと思うものには信じられない値段がつけられている。物価高の上海で生活を切り詰めるしかない私たちにとって、外出してショッピングというのは気が乗りません」と話してくれたが、このコメントからは家族で外出したところで、楽しいショッピングなどは体験できないことが読み取れる。ここ数年で、個人消費者向けネットショッピングの売り上げが急激に伸びた理由は、このような要因もあるといえるだろう。

ところで筆者は、〝特権的商業施設〟の一つ、淮海中路の「上海環貿《ホアンマオ》広場」（通称ＩＣＣ）でこんな経験をした。

このICCは、かつて「ニセモノ市場」として名を馳《は》せた「襄陽市場《シャンヤン》」の跡地を、香港の大手デベロッパー・新鴻基地産《サンフンカイ・プロパティーズ》がオフィス・ホテル・商業施設に複合開発したものだが、店内のある目的地にたどりつくまでに「全身汗だく」となる羽目になった。

商業施設のフロアには案内板はなく、ビル側のスタッフもまばら。目的地への行き方を尋ねても返ってくるのは「あっち」とか「こっち」という頼りない道案内であり、数メートル進んでは立ち止まりと、客にとっては非効率そのものだったのである。

どんなに意匠を凝らした設計であっても、どんなに度肝を抜く内装であっても、サービスにおける進化――つまり日本でいうところの「おもてなし」などほぼ期待できないというのが、〝先進都市・上海〟での実感でもある。

日本の進化する商業施設

他方、日本では一般市民が楽しめる商業施設があちこちに点在している。神奈川県川崎市にある「ラゾーナ川崎プラザ」もその一つだ。そこで筆者が見たものは、利用者が楽しそうに回遊する風景だった。当時、上海に在住していた筆者は、店舗の顔ぶれや品揃えも魅力的で、売り場がキラキラと輝いているかのような印象を受けた。

このラゾーナ川崎プラザは、JR川崎駅西口の旧東芝川崎事業所を、NREG東芝不動産と三井不動産の共同開発で２００６年9月に開業したものだが、いくつかの点において従来型の商業施設とは異なっていた。

その一つが、小売企業ではなく〝不動産企業によるプロデュース〟という点だ。開発に先立って行ったのは、「多くの周辺住民の方々のご協力で、クローゼットや冷蔵庫の〝中身〟まで見せてもらいました」（当時の開発に携わった三井不動産社員）という念入りなマーケティングだ。施設のフロアマーチャンダイジングまでも自社で手掛けたという。

屋外施設として敷地の中央に広場を設けた点も斬新である。これもまた緻密なマーケティングがもたらしたアイデアで、「周辺住民の方々のみんなで集まれる場所が欲しいという声を反映してのもの」（同）だった。

上海の中心繁華街に話を戻せば、そこで売られている物は高級品であり、そこに立つ販売員は金持ちには媚《こ》びても一般市民は相手にしない、といった悲しい現実に直面せざるを得ない。日本のショッピング環境と比べれば雲泥の差であり、せっかく育った中間層もこれでは行き場がないだろう。

訪日旅行におけるショッピングが、中国人客の最大の楽しみになるというのもうなずける話である。

2 「爆買い」、中国はこれを取り込めるか

中国で買ったら損をすると思い込む市民

海外で炸裂した中国人の「爆買い」パワーを見た中国政府は認識を変えた。海外旅行者の購買意欲を何とか国内に回帰させようと、「消費者の欲しいものを供給して内需を喚起させるべし」と手を打ち始めたのだ。その回帰策の一つが、2015年6月から実施された「日用品の輸入関税引き下げ」である。洋服類・毛皮類は従来14〜23%の税率だったものが、7〜10%になり、紙オムツは7・5%から2%へ、スキンケア製品は5%から2%へと、関税率は50%以上も下落した。

中国では長期にわたり〝内外価格差〟が存在した。例えば、1000元の化粧品を輸入販売した場合、輸入者に課される関税が10%と増値税（付加価値税）が17%、それに販売者に課される消費税が30%あり、最終的に消費者価格が1570元に跳ね上がる。中国の消費者には「海外ブランド品や輸入品を中国で買えば、常に50%以上も余分に支払わされる」という心理があり、それが国内での消費を妨げる一因となってきた。

2015年5月、上海で高級ブランド品のセールが行われたことがある。筆者のスマート

フォンにも「グッチ、上海全店で50%オフ」という案内が着信したのだが、この前代未聞の〝たたき売り〟に20〜30歳代の女性たちの長蛇の列ができた。習近平国家主席の反腐敗運動で、余剰在庫を抱えた高級ブランドが換金に迫られたのが事の真相のようだ。

一方、この「50%オフ」が意味するのは「これまで余分に払わされてきた税金分がチャラになる」ことにほかならず、多くの女性たちがそれに割得感を見いだした。つまり、この価格差――課税分さえなくせば、国内消費を掘り起こせるというわけである。

中国政府がもくろんだ次なるステップは「国内での免税品店の展開」だった。2016年8月、上海市内の静安寺にほど近いエリアに大型免税品店が新装オープンしたと聞き、筆者も早速訪れてみた。およそ3300平米の敷地には、世界の一流ブランド品がずらりと並ぶが、バッグ売り場の店員からかけられた言葉は予想外のものだった。

「日本人ですか？　外国人はここでは買い物できませんよ」

本来、免税サービスは外国人が享受できるはずのものだが、この免税店は違うのだという。店員は「中国人は毎年1兆元を国外で消費します。これは本来、中国国内で行われるべき消費ですよ。この店はこうした経緯でできた中国人向けの店なのです」と説明した。

中国商務部によれば、「2015年は中国人が世界のブランド品の46%を買い漁った」という。この免税店は、海外での「爆買い」を中国に回帰させる戦略の上に新装オープンされたのだ。1階の中央部には日本の化粧品ブランドはもちろん、日本のドラッグストアで売られている日用品まで置かれており、その売り場位置からして、売れ筋は「日本ブランド」であることは一目瞭然だ。中国で積極的に「日本ブランド」を販売することで内需喚起につなげたい思惑が見て取れる。

〝転バイヤー〟封じ込め作戦

「爆買い」の中身は4割が「代理購入（代購《ダイゴウ》）だった」といわれている。友人や親戚の頼みに応じて、あるいはネット販売に出品する業者の依頼を受けて、旅行者が大量に買い付けを行うというものである。「個人仕入れ」「個人転売」が「爆買い」の正体ともいえ、日本では「転バイヤー」といった俗語も生まれた。もちろん、これは自分のための買い物ではなかった。

税関を潜り抜け、個人の利用の範囲を超えて中国に持ち込まれた大量の海外製品だが、実は2013年頃から、この〝密輸品〟への取り締まりが強化され始めていた。「代購」で仕入れた化粧品をネット上で繰り返し販売していた中国人の客室乗務員は、密輸の罪で3年の刑に処せられている。

2016年春以降は、中国税関の検査がさらに厳しくなった。ネットメディアではたびたび摘発事例が報道され、こうした「見せしめ」に中国の人々は海外での買い物を控えるようになり、為替の変動も受けて「爆買い」は急失速した。日本の都心部でも、中国人による化粧品の大量購入が忽然《こつ》と姿を消し、「爆買い」を当て込んだ空港型免税店などの新業態は思わぬところで頓挫するという憂き目に遭った。

「爆買い」現象は低迷する中国内需にいくつかの発見と啓蒙をもたらした模様で、当時、中国では国を挙げての「爆買い」研究も行われた。習近平政権以降の中国では、公務員の贈収賄取り締まりに端を発する「倹約令」や、不動産価格の頭打ち、株価の下落などを経て、「国民は生活防衛のための節約が先立ち、買い控えをしている」という見方が強く、これが内需を低迷させる原因だと捉えられていた。

ところが、これに対し、国民は海外の旅行先で旺盛な購買力を炸裂させた。2015年、中国人の海外旅行者は延べ1億2000万人に達し、海外での消費総額は1兆元にも上ったことは、さすがに中国政府をうならせた。

国民は金を持っているにもかかわらず、なぜ国内消費が伸びないのか――これが目下の研究課題であるが、中国政府はすでにこの「爆買い」パワーを国内に取り込むべくいくつかの政策を打ち出したことは前述した通りだ。家電メーカーの「格力電器《グリー》」が、「海外で買わず、中国製を愛用しよう」のキャッチコピーで炊飯器の宣伝を始めたことも興味深い。

日本はビジネスモデルの宝庫

一方で、日本の小売業をヒントに中国国内で「爆買い」を仕掛ける中国人経営者もいる。多くの中国人が日本を訪れ「爆買い」を楽しんだが、彼らが中国に持ち帰ったのは電気釜や温水洗浄便座だけではなかった。中には「日本のビジネスモデル」を持ち帰った中国人もいた。その一人が葉国富《イエグオフー》氏だ。同氏は２０１３年に日本を訪れ、日本の小売業に衝撃を受けた人物である。

今、上海の街中では「日本」を売りにした生活雑貨チェーンが出店ペースを加速させている。かわいい小物が安く手に入る、しかも店舗はこぎれいでサービスもいい——葉氏が日本人デザイナーと東京で立ち上げたのが「メイソウ」（株式会社名創優品産業）というブランド名の小売業態だ。

中国の電子メディアが「安くて物がいい、という日本の小売モデルを中国に持ち込んだ」と紹介する「メイソウ」は〝上海女子〟に人気のようで、筆者は出張で訪れるたびに「レジ前の長い列」を目撃する。一方、その商品開発から店づくりに至るまで、同社が〝日本モデル〟を意識していることは一目で分かる。

上海の若者に支持されるメイソウ

店名の「メイソウ」は赤字に白抜きのカタカナ表記なのだが、この店舗に掲げられるロゴは「ユニクロ」のロゴに酷似する。カタカナ表記を理解する中国人は少ないが、それでもカタカナ表記の店名にこだわったのは、「日本の商品をいいと信じる中国人」に「日本語でのインパクト」を与えたかったためだろう。

「ユニクロのパクリ」のように見せかけたのも戦略の一つで、葉氏は中国メディアに対し、「こうすればメディアも騒ぐ。広告費なしで有名になれる」と語っている。

また、陳列される商品の一部からは「無印良品」を意識したことがうかがえる。同店を訪れていた日本人女性に、商品についてどう思うかと聞くと「限りなく無印良品をイメージさせますね」と苦笑した。

そして、壁面にびっしりとディスプレイされていたのは、ハローキティのぬいぐるみだ。しかし、あまりに歪んだその顔に「本当にライセンス商品なのか」と首をかしげてしまう。レジ回りを固めるのは絆創膏やウェットティッシュであり、「ドラッグストア的品揃え」にも力を入れる。

同店舗が、日本を代表するいくつかの小売業態に相当なヒントを得ていることは一目瞭然だ。頭は〝ユニクロ〟、胴体は〝無印良品〟、尻尾は〝百均〟……、ギリシャ神話に登場する怪物「キメラ」を思い起こさずにはいられない。チェーン展開の始まりは「創業者である葉国富氏が2013年に日本を訪れたことがきっかけだった」と中国の電子メディアは報じるが、あっという間にその店舗は世界で1000店を超えてしまった。

3　中国にもあった、こんな「爆買い」

振り返れば、訪日中国人客に見る「爆買い」には前触れがあった。筆者は上海でそれを目の当たりにしたことがある。それは、訪日旅行の過熱前夜ともいえる2010年のことだった。まもなく師走を迎えようとする上海で、女性たちの間をある「黄色い券」が飛び交っていた。この黄色い券をめぐって、社内の空気は色めき立ち、「行く、行かない」で電話やメールが行き来した。ある日系企業の職場ではこんな会話が交わされた。

「あなた、行く？　行くならこの券あげるわ」

「もちろん、絶対行くわよ」

「初日に行かないといいものがなくなっちゃう、私は9時に行って並ぶつもりよ」

彼女たちが手にしているのは、花園飯店（オークラガーデンホテル上海）のテナントである上海三越が主催する「冬の大感謝祭」の入場券だった。

地下鉄「陝西南路《シャンシーナンルー》」駅の3番出口から通じる花園飯店への道を、女性たちが足早に歩く。空気はすでに殺気立っていた。案の定、12月10日の初日は早朝7時から列ができ、10時の開場を50分も前倒ししての開場となった。

ホテル内の1000平米の会場には、アパレル、靴、バッグ、アクセサリー、化粧品、食品など63社が出展していた。筆者が駆けつけた9時半にはすでに多数の女性たちが詰めかけ、必死の形相で物色を始めていた。

目玉は三越オリジナルのカシミヤセーターだ。三越がメーカーを通さず直接内モンゴル自治区で生産しているオリジナル商品で、その高い品質は日本人のみならず、中国人消費者の間でも高い支持を得ている。

セーターの陳列台はすでに異常なほどの熱気を醸し出していた。蟻一匹すら入る余地のないその人だかりに、誰もが揉まれて、踏まれて、なぎ倒されながら、何とかして食い込もうとする。

「ニェク（不好看《ブーハオカン》、格好悪い？）」
「ホーク（好看《ハオカン》、いいんじゃない）」

飛び交う言語は圧倒的に上海語が多い。

ようやくセーターをつかむと、即座に透明の買い物袋にバンバンと詰め込む。買うか、買わないかの判断は後回し、まずは獲物をゲットだ。買い物袋はセーターで膨らみ、山のように積み上がったセーターもみるみる目の前からなくなっていく。そして廊下の鏡の前では腰を据えての〝品評会〟だ。消費者はここで最終的な購買をじっくりと絞り込む。

一番人気のカシミヤセーターに続いて、二番人気は婦人靴だ。この年は、靴の販売に「ＲＥＧＡＬ」「ＥＳＰＥＲＡＮＺＡ」など４ブランドが出展した。日本の靴は人気があり、前年は十数足もまとめ買いする女性もいた。

３日間で売り上げ１億円超

初日の金曜日は、多くの上海在住の女性が「この日のために」会社に休暇届けを出した。この日の大量買いのために消費を抑えてきた女性もいた。また、遠く離れた西の内陸部から、飛行機代と宿泊代を掛けて出てきた女性もいた。

1990年に開業した花園飯店は、当初から日本人の宿泊客が多く、同ホテル1階に入店した三越（上海での開業は1989年）は、観光や出張で訪れる日本人をターゲットにした土産物売り場を設けていた。そもそも、2003年のSARS禍で激減した日本人観光客の売り上げを補うために、現地在住の日本人駐在員の需要を取り込もうと組んだ大型催事だったのだが、2010年時点で来場客の99%が地元の中国人客に取って代わった。

初日の来場者は約7800人、3日間で約1万人が来場した。入り口では200人超が並ぶ40分待ちの列ができ、さながら上海万博を思わせる入場規制が敷かれる一方、レジでもまた1時間待ちの長蛇の列ができた。1人1万元（当時1元＝約12・5円）以上を買う客も少なくなく、また、堂々と「領収書」を請求する婦人もいた。富裕層らは惜しみなく大枚をはたいた。このセールは3日で1億円以上に相当する880万元を売り上げたという。

購入者はどんな女性たち

さて、「上海女性」とはどんな購買層なのか。

この催事には上海中から幅広い年齢層の女性が押し寄せた。突出していたのは40歳代だという。彼女たちは一見すると、いわゆるごく普通の「おばさん」だが、日本のおばさんと異なるのは、彼女たちには〝所得と職位〟があるということだ。

少なくとも上海では、夫婦共働きが当たり前だ。女性の社会進出は日本以上に進んでおり、上海で40歳代といえば、しかるべき職位に就き、安定した所得を持つ層なのだ。要人との折衝や接待、接客を任され、日頃から服装には非常に気を遣う層だともいえる。また、こうした高級管理職には知識と教養を兼ね備えた本当の意味でのエリート層も存在する。

彼女たちは日系企業の勤務者か、日本社会と縁を持つ女性たちが少なくなく、日本ブランドの持つ品質やデザインのよさについては早くから認知しているようだ。衣類、バッグ、靴、アクセサリーを含めて、身の回りを日本ブランドで固めている女性も少なくない。

3日間の催事で1億円以上の売り上げ――。ひとたび中国人女性を味方につければ、たった数日で億単位を稼ぎ出すことも不可能ではないということだ。

猛烈なる「爆買い」は、浦東新区の百貨店「八佰伴《バーバイバン》」でも繰り広げられた。ここはかつて〝小売業界のダークホース〟といわれたヤオハンが投資した百貨店である。

毎年、12月31日に開催されるのは「この日一晩で1年の売り上げを稼ぐ」といわれる伝説の年越しセールだった。目玉は「満500元送300元（500元をお買い上げの方に300元の金券贈呈）」。実質6割のキャッシュバックだ。開催数日前から上海市民が待ちわびるこのセールは、「300元の金券はその場で使え、現金で買い取ってくれるダフ屋もいる」という。ただし、「閉店の夜中2時を過ぎるとただの紙切れになる」とも。狂ったように買い物するのはこうした理由からだ。

しかし、近年はこれら上海の名物セールも市民の関心を惹《ひ》かなくなった。ネット販売が発達したためともいわれ、リアルな店舗で買い物をする中国人はますます減っている。

いずれにしても中国人消費者を動かすのは「お買い得感」である。「いくら品質がよくても値段が高ければダメ」、あるいは「いくら安くても品質が劣っていればダメ」——、彼女たちはシビアに商品を見定める。

最近は海外で買った場合と中国内で買った場合とを天秤にかける人たちも多い。「日本で買ったらいくらか」「日本のセール期間中に買ったらいくらか」といった微妙な差までもソロバンで弾くのだ。

一方、中国人消費者は日頃の買い物に疑心暗鬼に陥っているともいえる。中国国内でも消費パワーを発揮できるその潜在能力を持ちながら、「『売り手』にだまされているのではないか」と二の足を踏んでしまうのだ。商品はニセモノなのではないか、体に害を及ぼすのではないか、商品価格そのものがウソなのではないか……。値札についた常軌を逸した商品価格に、誰もが財布のヒモを固く締めてしまうのだ。

中国の中間層は消費に飢えているが、大都会の上海には魅力ある高額品はあっても、消費者のニーズに応えられるような「バランスのとれた良品」は少ない。近年はつり銭こそ投げなくなったが、対面でのサービスは求むべくもない。

こうした中国の事情からも「サービスの行き届いたリアルな店舗でのショッピング」への潜在需要は高い。「爆買い」現象は一服したとはいえ、中国人が「日本で買い物を楽しむ」という旅のスタイルは、今後も一つのトレンドとして続くのではないだろうか。

第3章 「中国人客殺到」に身構えるアジアの諸都市

1 今日のシンガポールは明日の東京

観光立国として一日の長があるシンガポール。ここには世界からの旅行者を惹《ひ》きつけてやまない数々の魅力がある。観光立国としての投資は積極的で、過去10年だけ見ても、チャンギ国際空港第3ターミナルの完成、地下鉄の路線拡大、総合リゾート施設としてのカジノ開設と、その完成度を高める事例は枚挙にいとまがない。

2004年、シンガポールへの渡航者は830万人だったが、2014年には1510万人へと成長した。10年でほぼ1・8倍になった理由には、もちろん中国人観光客の存在がある。

筆者は2015年夏にシンガポールを訪れた。シンガポールのマリーナ地区には有名なマーライオン像があるが、わんさと中国人客が訪れ、撮影スポットを奪い合っていた。空港に近いホテルのロビーに所狭しと並べられているのは、中国からの団体観光客のスーツケースだ。夜のエレベーター、朝のダイニングルーム、そこを占拠する圧倒的多数が中国人だ。ドッと繰り出す中国人に、朝食の席もバイキングの食事も一瞬にして争奪されてしまう。どこに行っても出くわす中国人客、どこに行っても飛び交う中国語に、日本から来た老婦人も「あたかも自分は中国にいるみたいだ」とつぶやく。

しかしこの1～2年ほどは、中国からの観光客は減少傾向にあるという。2013年、中国で新旅行法が施行され、団体旅行に圧力がかかったためだ。旅行社が店舗からキックバックを得る悪徳商法が問題となったのである。また、2014年にはマレーシア航空機の墜落事故を原因に、東南アジアへの旅行が遠ざけられるようになった。

これらの要因が重なり、筆者が訪れた当時のシンガポールは中国からの観光客が減少に転じていた。それでも2016年は中国人客が大幅に増加し、最多の外国人客であるインドネシア人に迫る勢いとなった。積極的に中国人客の招致を進めるシンガポールでは、やはりどこにでもその姿を目撃するのである。

市況を狂わせた中国人の不動産投機

残念ながら、シンガポール市民は大陸からの観光客に対して決していい印象を持っていない。

シンガポールの街中に繰り出す中国人客

「中国人客がシンガポールをすっかり変えてしまった」と語るのは、中国系シンガポール人のアイビー・ローさんだ。先祖は広東省の出身だというローさんは「不動産が値上がりしたのも、物価が上昇したのも、中国人客のせいです」と不満そうに語る。

振り返れば、2011年前後は中国経済は活気を帯びており、中国からシンガポールへの観光客もうなぎ登りだった。中国人客が団体旅行で訪れたシンガポールで高級品の買い物三昧とともに見いだしたのが、シンガポールの不動産への投資のうまみだった。

観光旅行をきっかけに始まった中国人による不動産投資だったが、その後、流れが本格化し、「温州炒房団《ウェンゾウチャオファントゥアン》」と呼ばれる不動産投機集団が多数シンガポールに向かうようになった。たった5日間の滞在で1人が3軒の住宅購入を決めるなどの荒業にシンガポール市民は唖然とした。当時の新聞は、シンガポールにおける中国人の不動産購入を「野菜でも買っていくような感覚」だと書き立てた。

過去20年の住宅価格を振り返ると、シンガポールでは1996年と2007年にピークを迎え、それぞれ翌年の通貨危機とともに急激に下落する。しかし、早くも2009年下半期から上昇に切り替わる。しかも、たった1年で1996年と2007年のピークを越えてしまうほどの勢いを持っていた。

「日本円にして4500万円の3LDKの集合住宅が、数年で1億円にまで上がってしまいました。これはバブルとしか言いようがありません」とローさんは語る。

シンガポールはガラリと変わった

そして、物価も上昇した。

「買い物天国」を象徴するオーチャードロード。その魅力は昔から変わりはないが、景観はガラリと変わった。意匠を凝らした建物が林立するものの単なるブランド品街であり、上海で見る街並みと大差はない。

シンガポールでも中国人客の消費パワーを取り込もうとしているのは一目瞭然で、高級ブランド品の値段もどんどん上がった。20年前にここを訪れた経験を持つ日本人女性は、「以前はヴィトンのバッグをたくさん買いましたが、今回の収穫はゼロ。ブランド品の価格はだいぶ高くなった感じがします」と肩を落とす。

確かに2015年は円安もあり、日本人にとっては「買い物天国」の魅力が薄れてしまった感がある。
だが、地元シンガポール人にとっても、買い物を楽しめる場所ではなくなった。前出のローさんも「今のシンガポールは昔と全然違う」と訴えるが、それは高級品に限った話ではない。生活物価もここ数年でかなり上昇したという。専業主婦のエミリー・タンさん（仮名）はこう打ち明けた。

「白米は10キロ14・5シンガポールドル（以下S$、2015年当時1S$＝約90円）だったのが、23・5S$になった。卵は10個入り3・5S$から5・5S$に。月の食費は1000S$も上がってしまいました」

5人家族のタンさんは、1カ月の食費だけで、最低でも3200S$（約29万円）が必要になった。

「中国人による不動産や高級品の買い漁りが、回り回って私たちの生活を直撃した」とタンさんは言う。もちろん、中国人客の「爆買い」だけが高騰の原因ではない。ヨーロッパが不景気であるのに対しアジアは全般的に活気づいており、シンガポールの不動産は中国人のみならず、多くの外国人が目を向けているのも確かだ。

しかし、タンさんのように一部の市民は「中国人による極端な買い物」が市民生活に多大な影響をもたらしたと信じて疑わない。中国人客による影響力ある極端な消費行動が物価高を招き、地元民に被害者意識を植えつけてしまった可能性は否めない。国の政策や民間の「経済効果一辺倒」の在り方が、本来ブレーキをかけるべきところの〝中国人客による買い漁り〟を許してきたとも言えよう。経済効果を追い求めるあまり、国民生活を犠牲にしては、それこそ本末転倒である。

2 「爆買い」する中国人客と我慢限界の香港市民

今も昔も、中国人の主要な旅行先といえば香港だ。2000年代、週末の香港で散財するのは大陸の金持ちのステータスであり、香港でのブランド品の買い物は大陸の中間層の憧れでもあった。

そのおかげで「ショッピング天国」を自負する香港の小売業は、さらなる飛躍の局面を迎えた。不動産業も商業地を中心に好業績を収めていた。贅沢品の消費地で知られる香港において、中国人客は香港経済に大きく食い込み、なくてはならない存在になっていった。

ところが、この関係が崩れた。2014年第3四半期以降、香港の観光業界は、これまでにない落ち込みを経験したのだ。これは中国人客が香港旅行をしなくなったからだといわれている。ではなぜ、中国人客は香港に行かなくなったのだろうか。そこには地元香港人と中国人客との間の鋭い対立がある。

ビザ緩和が摩擦の発端?

大陸からの中国人客が香港で〝個人旅行〟を楽しむようになったのは、2003年にさかのぼる。中国政府が大陸住民に対して香港とマカオへの個人旅行を解禁し、また2009年、中国政府が香港に隣接する深圳市の市民に対し、「1年間有効のマルチビザ」の発給を認めると、中国人客の数は年々増加の一途をたどった。

中国人客は香港でもやることは同じだった。「爆買い」である。香港ではとりわけ、商売目的での仕入れが日々頻繁に繰り返された。2000年代後半から中国で顕在化した「食の安全問題」から、国産品を敬遠する中国の消費者が、香港で売られる海外ブランドを切望するようになったのだ。最大の「爆買い」対象となったのは粉ミルクだった。

中国からの「担ぎ屋」が陸伝いに香港に渡り、商品を買い漁った結果、香港市民に欠かせない身近な日用品が姿を消した。中国大陸で物価が急騰した2010年以降は、香港の日用品は割安感でも注目され、さまざまな商品が「爆買い」の対象になり、品切れになったのだ。

図2　香港を訪れた大陸からの観光客

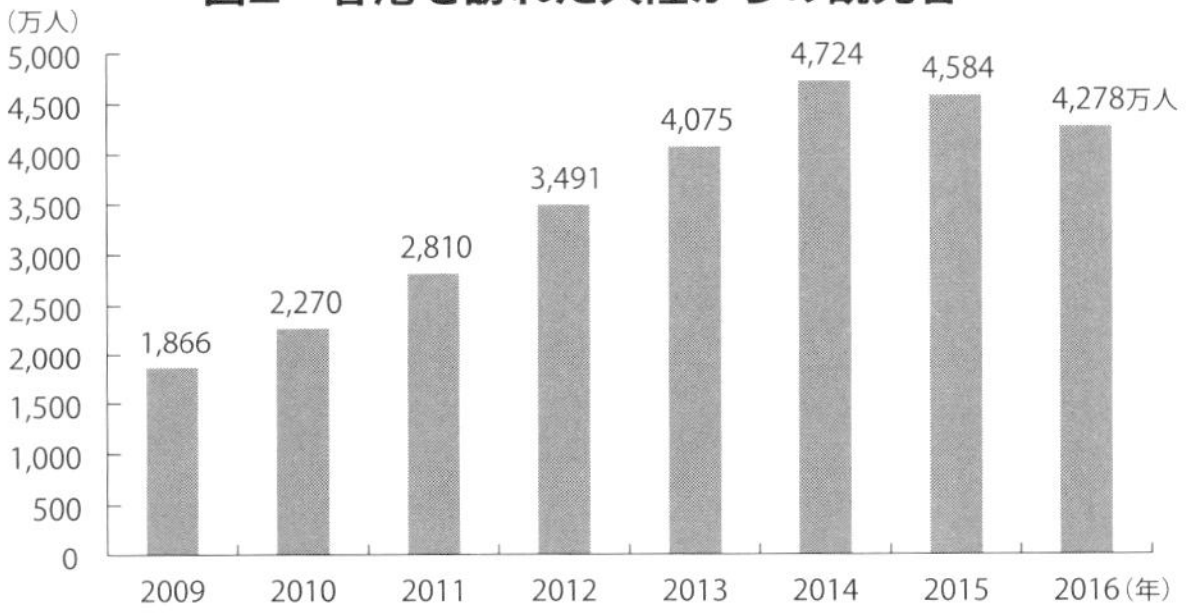

香港政府観光局などの資料をもとに筆者作成

一方、香港の妊婦は安心して出産に臨めなくなった。香港での永住権を求める中国人や第2子の出産を求める中国人（中国では、2015年に一人ッ子政策の廃止が決定）が香港の分娩室に殺到して、地元住民が産院のベッドを予約できなくなるという事態が起こった。

香港の一般市民からすれば迷惑千万だ。日用品は欠品し、物価も上昇し、生活者向けの店舗がある日突然、中国人向けのドラッグストアや化粧品店に変わる。路上ではマナー違反を注意した香港人と逆ギレする中国人客とのトラブルが頻発する――。ちなみに同じような事態は台湾でもシンガポールでも、またタイでも報じられている。当初は経済効果を見込んだビザの緩和だったが、結局、地元市民と中国人客の深刻な対立を呼び起こしてしまったのである。

生活空間にせり出し傍若無人に振る舞う中国人客に対し、ついに香港人の堪忍袋の緒が切れた。その象徴となるのが、2012年2月、香港の民間団体が地元メディアに掲載した広告だ。その広告のキャッチコピーには「香港人《シャンガンレン》　忍够了《レンゴウラ》（香港人はこれ以上我慢できない）」の6文字が並んだ。

その後、2014年9月には、「雨傘運動」と呼ばれる反政府運動が起こり、香港人と大陸の中国人が互いに罵り合うような亀裂を生んだ。

中国人客の減少

中国人客は増え続け、2012年当時、香港を訪れる大陸からの中国人客は、香港の人口（約700万人）の5倍に相当する約3500万人となり、香港では「外国人旅行者の約8割は中国人客」という状況だった。

ところが2014年第3四半期以降、香港に渡航する中国人客が減少に転じた。香港政府観光局によれば、2014年に香港に訪れた中国人客は4724万人だったが、2015年は4584万人、2016年は4278万人と2年連続で減少を続けている。

2016年、香港メディアは「2003年のSARS禍以来の経済の落ち込みを経験した」と報じた。2003年の自由旅行解禁以来、十数年にわたり「ツーリズム」と「爆買い」の両輪で経済を牽引してきた香港に激震が走ったことは想像に難くない。

香港の恒生銀行の調査によれば、中国人客による消費は香港の小売額の3割を占めるまでに成長したという。しかし、宝飾品や時計などの高級品の消費は相当な落ち込みを示し、ブランド店での先頭が見えないほどの行列も、２０１５年には姿を消した。

香港経済の落ち込みの原因は、一つの要因だけでは語れない。習近平政権の反腐敗運動の影響もあるだろう。香港で消費された贅沢品の多くは「官僚への贈答品」だったため、ここへの需要がなくなったものと見ることができる。

香港の小売業の鈍化は、香港ドルに対して人民元が安いことも災いした。また、旅行の主体が富裕層から中間層にシフトしたことにより、購買対象が高級品から日用品へと変わった結果、高級品販売が落ち込んだとも考えられる。

香港独立分子による抗議活動も無関係ではないが、最も影響を与えたのは２０１５年の「反水客《ファンシュイク》運動」だろう。これによって香港人と大陸人の友好関係は大きく崩れた。大陸からの担ぎ屋が香港に渡り、住民にとって欠かせない日用品を買い占めていく。繰り返されるその傍若無人さについに香港市民はブチ切れたのである。

中国人旅行客の、先を争って買い占めを行う〝争奪戦〟を甘く見てはいけない。「爆買い」については、「バブル期の日本人もそうだった」という識者もいるが、根本的に質が違う。当時、日本人の「爆買い」が集中したのはブランド品であり、その土地の日用品にまでは手を出さず、市民生活に深刻な影響を及ぼすことはなかった。

中国語に「搶空《チャンコン》」という言葉がある。文字通り、「奪い尽くして空っぽにする」という意味だ。経済力をつけた中国人の飽くなき物欲は香港経済に潤いをもたらしたが、その結果、地元住民の強い反発を招いた。

日本にも同じことが言える。だが、すんでのところで「爆買い」は終わり、香港のような対立は避けられたからよかった。インバウンドの買い物需要で経済効果を狙うのも結構だが、日本の政策立案者は中国からもたらされる経済効果にはこうした〝負の影響力〟もあることを知っておくべきだろう。

3　ドッと押し寄せる大陸客と台湾市民の胸中

今でこそ観光客は中国と台湾の間を行き来できるようになったが、2008年まで台湾は近くて遠い島だった。その後、両岸関係の交渉を経て、台湾への観光旅行が解禁されると、多くの大陸客が台湾になだれ込んだ。

台湾への中国人旅行者数は、2008年当初は約9万人だったが、2010年に100万人の大台に乗ると、2012年は200万人に近づき、2014年には400万人に接近した。そして2015年は400万人（数字は国務院台湾事務辯公室）を突破と、うなぎ登りで増えた。2015年は2008年比で44倍の伸びである。この年、訪台客に占める大陸からの観光客の割合は全体の4割を超えた。大陸客は台湾の観光産業を支える重要な役割を担うようになったのである。ちなみに、2015年に台湾にもたらされた観光消費は500億元（約9500億円）に上った。

しかし、大陸客でにぎわった台湾にも、2016年には一転して陰りが生じた。中国の電子メディアが「4月から減少し始め、5、6月には大幅に下落した」と伝えるように、5月20日に蔡英文氏が総統に就任した前後から、大陸客は減少に転じるようになったのである。2016年、台湾を訪れた外国人客は1069万人と緩やかながらも増加をたどっているが、大陸客については351万人で前年比16％減となった。

「独立」「脱中国」を標ぼうする蔡政権が2016年1月に発足して以来、中台関係は極めて複雑な局面に突入した。12月、アメリカでドナルド・トランプ氏が新大統領に選出されるや、正式な外交関係のない台湾の蔡総統がトランプ氏と電話会談を行い、「一つの中国」を支持するという1979年以来の前例がいとも簡単に破られてしまった。中国側は強い怒りをあらわにした。

台北と東京を往復する台湾人の企業経営者・陳志明さん（仮名）は、その後の台北の状況について「ここ数年、中国からの団体旅行客でにぎわっていた台北でしたが、今ではすっかり影を潜めています」と語っている。また、陳さんは次のように推測する。

「2016年1月以降、直行便の数が減らされ、大陸からの団体旅行者が台湾に行きにくくなりました。民主進歩党の蔡政権にプレッシャーをかけるために、大陸客を減少させて経済的制裁に乗り出したのでしょう」

一方、2016年9月、台湾で大規模なデモ行進があった。これを組織したのは観光関連の13の業界団体であり、それぞれにプラカードを持ちながら「観光産業の救済」を訴えた。ほかでもない大陸客の減少が、業界に景気の悪化をもたらしたのだ。大陸客を専門に扱う老舗旅行会社「創世紀国際旅行社」が倒産したことも一つの象徴となった。これは「蔡英文政権発足後、初めての事例」として島内を騒がせた。また、不幸にもこの年の夏、台湾・桃園で大陸からの訪台客24人が犠牲になった車両火災事故もあった。

大陸客の台湾離れは、ホテル業界やバス業界、飲食業界や小売業界にまで波及した。観光業界の現場に従事するバスの運転手や観光ガイドは、厳しい状況におかれているという。業界団体が大規模なデモを展開させたのも、その根底には「大陸への過度な依存」がある。将来の中国人客の増加をにらみ、「対中インバウンド」に相当な投資を行ってきた可能性は想像に難くない。前出の陳さんも次のように語っている。

「いきなり大勢の団体が大陸からやってきたため、台湾の観光業界はその受け皿をつくるため慌てて投資を行ったのです。例えば、駐車場。たくさんの観光バスを駐車させるために土地を確保しました。ホテルや観光バスも慌てて建てたり買ったりしましたが、バブルが弾けた今、それは余剰の状態にあり、ダンピングも始まっています。これから投資回収を始めようとした企業もあるでしょうが、回収するどころか、観光を中心とする経済環境はピークから急降下してしまいました」

親中派が多い観光業界は、蔡政権に対して恨みを募らせているようだが、大陸の旅行者は「団体旅行」から「個人旅行」にシフトしている時代であり、彼らの思惑と投資はいずれはずれる運命にあったのかもしれない。2016年初頭の政権交代で弾けてしまった〝台湾版インバウンド・バブル〟だが、インバウンド事業における「中国への依存」と二国間の政治がもたらす「投資リスク」は、日本にもいい教訓になるだろう。

街中が中国人に冷たく

中国人客がもたらすインパクトは小さいものではない。台湾市民は大陸客の訪台をどう受け止めているのだろうか。楊美恵さん（仮名）は、こう教えてくれた。

「台北では、中国人観光客に街中が冷たくなってしまったんです」

中国大陸からの観光客がなだれ込んできた台北だが、それで儲かる観光業界はさておき、市民の胸中は複雑だという。

「台湾は、地下鉄やバスの運賃が安いことでも知られていますが、これを利用するのは大陸客です。市民は『すっかり彼らに占拠されてしまった』というイメージを抱いています。もともと安く設定している公共交通の料金は、地元民の利便性を考慮してのこと。こうした市民の財産を、外から押し寄せてきた観光客がわが物顔で利用するのは、見ていて複雑な気持ちです」

台湾では65歳以上の高齢者は、半額料金で地下鉄でもバスでも乗ることができる（筆者注＝

子ども・障がい者と付き添い1人も）のだが、楊さんは「わずか3日間の旅行でも、公共交通を使う外国人がいる」という状況に疑問を抱いている。しかも中国人客となれば、その人数は半端でない。公共交通の利用者数が増えれば高齢者は乗りづらくなり、ひいては市民の税金負担増にもつながってしまう。

「街中が大陸客に冷たくなったのは、彼らが一度にたくさん来たからです」と楊さんは言うが、彼女が終始強調したのは「大挙しての訪台が後味の悪い結果をもたらす」という点だった。大陸客を歓迎しないのではない、「行きすぎた数」になれば互いに不幸になるというメッセージである。

目標ができると桁違いの人数が動く

中国大陸には13億人、あるいはそれ以上が居住するともいわれている。しかも昨今は年間1億人が海外旅行を楽しむ時代となり、その多くが〝近くて安くて便利〟な、台湾や東南アジア、そして日本に向かうようになった。しかし、大陸から送り出される旅行客の「人数の多さ」は、受け入れるその国やその土地に、未曾有の影響力をもたらす。筆者は中国の友人からこんな話を聞いた。

「2013年前後、中国がPM2・5の問題で大騒ぎになったとき、中国人は〝大陸内で空気のきれいな田舎〟を物色し始めた。ある者が『ここは一切汚染のない村だ』とスマートフォンの通信アプリ『微信《ウィーチャット》』(LINEのような通信アプリ)を使って発信したところ、たちまち多くの中国人客がこの村を目指して繰り出し、あっという間に村は人とゴミであふれ返ってしまった——」

中国ではひとたび目標ができると、桁違いの数の人間がそこに向けて動き出すのだ。

台湾でも同じことが起こった。それまで地元の人がゆっくり過ごしていた場所がたちまちにして観光スポットになり、風景が死んでしまったのである。台湾の最北端・野柳の「女王頭《クイーンズヘッド》」は、海岸にできた不思議な形をした岩として密かな人気を得ていたのだが、最近は中国人客が大挙して訪れる観光スポットとなってしまった。楊さんはこう語る。

「中国人客が多数訪れ、落書きを残していきました。自然が残した貴重な遺産であるにもかかわらず、無神経に手で触りながら写真を撮る観光客も多く、台湾市民はこれを本当に嫌がったのです」

その結果、岩の周りには立入禁止のロープが張られてしまったという。台湾人が「心のふるさと」として親しんだ自然の風景も、今ではすっかり〝昔の記憶〟になってしまった。「日本には、台湾の二の舞を踏んでほしくないものですね」と楊さんはため息をつく。

2016年の訪日外客数は、前年比21・8%増の2403・9万人となった。訪日客は日本政府観光局（JNTO）が統計を取り始めた1964年以降で最多となった。日本政府は2020年に4000万人、2030年に6000万人にまで訪日客を増やすと意気込む。

日本政府は「訪日客を増やせば日本経済が潤い、地方経済も活性化する」と思い込んでいるようだが、シンガポール、香港、台湾における事例を見る限り、このままではキャパオーバーとなってしまうことは目に見えている。それがもたらすのは国民と外国人客の間の軋轢。これではかえって「外国人客に対する国民感情」を悪化させることになってしまう。

満員電車の込み合う中、トランクを引きずった旅行客が大挙して乗り込んできたら――。市民の憩いの場がたちまち観光スポットになってしまったら――。「観光立国としての発展もいいが、私たち地元民の生活ももう少し考えてくれ」と、誰もが思うに違いない。

第4章 クルーズ船は〝地方経済の宝船〟ではない

1 アテを外した「クルーズ船寄港地」の苦悩

2012年2月、筆者は鹿児島県を訪れた。2007年に完成したという「マリンポートかごしま」を背に、案内してくれた地元の男性は筆者にこう語った。

「来月、この港のすぐ近くに総合ディスカウントストアが開店するんですよ。これから鹿児島もインバウンド・ツーリズムでさらに活性化するでしょう」

翌3月、「マリンポートかごしま」から車で3分ほどの地に、東京に本社をおく量販店が予定通り開店した。〝爆買いバブル〟前夜の鹿児島県にクルーズ船でやって来る中国人客の目的はやはり買い物だった。荷物の重量制限がないクルーズ船は彼らにとって文字通りの〝渡りに船〟であり、受け入れ港における大規模店舗の出店も実に時宜を得たものだった。

クルーズ客の呼び水となれば地元も潤うと、鹿児島市民は経済効果に期待した。

それから3年9カ月が過ぎた2015年末、筆者はその後の顛末を知った。予想に反して聞こえてきたのは〝不満の声〟だった。現地でささやかれているのは「クルーズ船はこの先、地元経済の救世主になり得ないのでは?」という疑問であり、「このままでは中央の企業に搾取されっぱなしになる」という怒りの声であった。「中央の企業」とは、大都市圏に本社をおくナショナルチェーンのことだ。

クルーズ船と中国人

これら量販店は、クルーズ船寄港地の「爆買い」に照準を合わせるかのように、地方の港町に出店攻勢をかけた。店内で扱うのは、日本の大手メーカーが大量製造する家電製品や日用消耗品などの売れ筋商品――、いわゆるナショナルブランドだった。

その半面、中国人客が地元の土産品や特産品に関心を示したり、地元商店街にまで足を延ばしたりすることはほとんどなかった。観光地めぐりについても、停泊時間が限られている乗船客にとっては〝おまけ程度〟でしかない。もちろん、クルーズ船の乗客となれば寝泊まりは船中のため、地元の宿泊施設もお呼びではなかった。

「鹿児島市内の中心部には、『天文館』という古くからの繁華街があるのですが、クルーズ客の姿はほとんどありません。老舗デパートの『山形屋』ですら素通りですよ」と、鹿児島市内在住の若手事業者は語る。

〝一流のおもてなし〟を誇る山形屋も、天文館商店街も、それぞれに銀聯《ぎんれん》カードの導入や免税システムの推進を行うなど、中国人客を受け入れる努力を重ねてきた。にもかかわらず、2015年の「爆買い」ブームといわれたピーク時においても、中国人客による利用はほとんどなかったという。

「土地ならではの名所を見てほしい」というささやかな地元民の願いすらかなわず、当時、中国人客らは「安さ」を売りにする大手ナショナルチェーンに吸い込まれていったのだった。

クルーズ客を一網打尽にする中国資本

2017年春、筆者は再び「マリンポートかごしま」に向かった。青空の下に桜島がくっきりと浮かび上がり、港には心地よい春の風が吹いていた。

3月17日、時計の針が12時を回った頃、遠い水平線の彼方に白い船が姿を現した。博多–鹿児島–上海をめぐるコスタセレーナ号だ。着岸にはまだ1時間あるが、遠くにあるはずの船体もはっきりと目視できる。20万トン級の巨大客船も珍しくない昨今だが、この11万トン級の客船でさえも不気味な大きさを感じさせるのだった。

寄港時間が近くなるにつれ、周囲は慌ただしくなった。次から次へと観光バスが数珠つなぎに港に押し寄せて来たのである。地元では、JR九州バスほか、鹿児島交通、南国交通、いわさきコーポレーションが主なバス会社として知られているが、聞きなれない名称のバス会社もある。80台は下らないであろう港に横付けされた観光バスは圧巻だった。

巨大な白いマンションのような客船は静かに岸に接近してきた。港ではオレンジ色の旗を手にした地元の老人や子どもがこれを迎えた。彼らは「鹿児島港クルーズ船おもてなし隊」の会員で、登録をするとこのオレンジ色の旗を渡される。

13時過ぎ、客船が接岸するとタラップから中国人客が降りてきて、港はあっという間に中国人客で埋め尽くされた。案内所のインフォメーションによると、この客船には３４５０人が乗船しており、そのうち３４１２人が中国人客である。出港は19時とあるので、彼らが市内を徘徊できるのはわずか５～６時間程度だ。

タラップから続々と降りてくる赤や黄色の原色の服に身を包んだ中国人客、そのいでたちは沿海部に住む富裕層や中間層とは異なる。日焼け顔の中高年と老人が多いのも特徴だ。耳を澄ませば、四川省など内陸の方言が聞こえてくる。

その中国人客をさばくのが、埠頭で待機していた何十人もの中国人ガイドだ。着岸を前に埠頭に集まり始めた中国人ガイドの中には、お世辞にも「プロ」とはいえない着崩した身なりの〝人材〟が目立つ。しゃがみ込んでタバコを吸い、その吸殻をポイ捨てする。

一言二言話した中国人ガイドの日本語レベルの低さには筆者も驚かされた。敬語も使えない上に、何を尋ねても〝一つ覚え〟の「ボチボチ」で返答してくる。通訳案内士の資格など所持していない〝無資格ガイド〟かアルバイト留学生なのだろう。

旅行会社が手配した彼ら中国人ガイドは、番号が大きく書かれた〝しゃもじ〟のような形の札を持ち、中国人客を自分のバスに誘導し始めた。

「78番はこっち!」「9番バスに乗る人はあっち!」

客を集める中国人ガイドたちのけたたましい叫び声と大声ではしゃぐ無数のクルーズ客らで、これまで静かだった港は一変した。地元市民によれば、中国人客を運ぶ旅行会社もまったく聞いたことがない会社ばかりだという。通訳ガイドも例外なくすべて中国人ならば、これを手配するツアー会社もほとんどが中国資本なのだ。

誰が〝訪日客〟を歓迎しているのか?

さて、中国人客を乗せた観光バスはどこに行くのか。ここには大きな変化が起こっていた。買い物では、中国人客の大手量販店への一極集中が消えていた。この日、それらの店には外国人客の姿が見られたが、A店は「中国のお客さんは多くはなかった」といい、B店は「フィリピンなど他の外国人客は来た」という。

こうした変化は鹿児島の市民も敏感に察知していた。「どうやら店側が〝コースに入れてくれるな〟と旅行会社に通達したらしい」と、まことしやかな噂が立っているのだ。実際、大手量販店の広報に尋ねると「各店舗の状況で、来店してくれても対応できないケースがある」という。

鹿児島に限らず、クルーズ船を受け入れる港周辺の店舗は「マナー問題」に頭を抱えていた。手当たり次第開封したりなど、商品にダメージを与えたりするほか、店によっては万引きという被害もあったという。

当初はその観光消費に期待し、中国語の看板を掲げて歓迎していたが、一部店舗ではそれも長くは続かず、大手チェーンの売り場ですらこの「簡体字表記」は姿を消していた。小売店だけではない。温泉施設などのサービス業界でも中国人客の受け入れをやめたところもある。地元客からのクレームが出たためだ。

ちなみに、「クルーズ船が来るぞ！」と聞いて喜ぶ地元の事業者は、今では鹿児島にはほとんどいないようだ。

港では鹿児島海外観光客受入協議会の会員である薩摩酒造が自社ブランド「さつま白波」の試飲販売を行っていたが、同社幹部の本坊崇さんは「実際、中国人客はこれをほとんど買いません」と、その内情を語ってくれた。また、鹿児島県の食品業者は「中国人客は何も買わず、試食品だけがあっという間に底をつく」と、クルーズ船を嫌がる理由を教えてくれた。

２０１６年、鹿児島県ではクルーズ船の寄港が82回に上ったという。約４・５日ごとに数千人規模の大波が押し寄せる状況だ。しかし、相手はトラブルの多い中国人客。サービスを提供する側からすれば「決してこれを手放しで喜ぶわけにはいかない」のだ。

そして、中国人客を乗せた観光バスが名所を訪れた後に向かうのは、大手量販店ではなく「免税店」だ。鹿児島市内には、中国や韓国のいわゆる〝民族資本〟の免税店が何カ所かでき、いつの間にかそれらが中国人客の買い物の受け皿になってしまっている。地元への経済の波及効果が期待されたクルーズ船だが、シナリオ通りの展開となっているのか、甚だ疑問である。

国はクルーズ船が地域活性化につながると強調

数年前、日本ではクルーズ船があたかも宝船のようにもてはやされたことがあった。国土交通省は〝1回で数千人規模の乗船者〟がもたらす経済メリットをことさら強調した。

実際に、2015年3月に国土交通省がまとめた調査報告書の冒頭にはこう書かれている。

「中国を中心とする経済成長を背景にクルーズ市場の飛躍的成長が見込まれている。（略）クルーズ客船の寄港は、乗船客による観光消費や入出港に係る諸支出、クルーズ客船の見学を目的に集まる観光客等により、地域の賑わいをもたらし、地域の活性化につながることから、各地のクルーズ客船誘致競争が盛んになっている」

地方自治体の中にはクルーズ船の寄港を「地元経済を潤す神風」だと受け止めているところがあり、「他がやるならうちもやる」という具合に、この競争に乗ろうとするところも出た。クルーズ船寄港を目当てに多額の資金を投じて港湾整備に乗り出した自治体もある一方で、慎重に見極める自治体もある。

「当初、乗客数千人という大型クルーズ船が寄港すれば地方が潤うと期待もありましたが、実際、メリットを受けるのはごく限られた範囲にすぎないでしょう。しかも、地元の商店など個人経営者にとっては、インバウンドの行事参加の負担ばかりが重くのしかかるばかりで、恩恵はほとんどありません。このままでは、インバウンド・ツーリズムそのものに背を向けられかねません」（四国の自治体幹部）

〝名所めぐり〟が組み込まれた理由

「経済効果」をもたらさないどころか、彼らがもたらすのは「マイナスの効果だ」といえるかもしれない。

かつて鹿児島を訪れた中国からのクルーズ客は〝買い物ツアー〟がメインであり、市内の名所に立ち寄ることなどなかった。しかし現在、彼らのツアーバスは薩摩藩主・島津氏の別邸跡と庭園で有名な「仙巌園」に行き、花の名所といわれる吉野公園を回る。買い物だけではなく「観光スポット」もコースに織り込まれるようになったのはなぜだろう。そこには〝ある理由〟があった。

「マリンポートかごしま」の取材を終えた筆者は、島津齊彬公を祀る照國神社に場所を移した。神社はすでに先ほど下船したばかりの中国人で境内が埋め尽くされていた。

だが、彼らは中国人ガイドの説明に耳を傾けるわけでもなく、神殿で賽銭を投げるわけでもなく、5～6人がひとかたまりになって神社をバックにスマートフォンでの撮影を楽しんでいる。本来、静寂であるはずの境内が、大はしゃぎする彼らの大声で、さながらお祭り状態である。

日本の神道にさほど興味を持たない中国人客が照國神社を訪れる理由の一つは、神社が〝無料〟で開放されているからだ。中国系の観光業者が率いるツアーは、えてして「無料の観光地」を訪れることで経費を浮かせるしくみになっている。

照國神社を訪れる中国人クルーズ客

ちょうど境内にいた神職の方に「大変ですね」と声をかけると、「ええ、トイレがね……」と困り果てた様子で話し始めた。

話によると、この神社は事もあろうに、中国人客の〝トイレ休憩〟に利用されているというのだ。ショッピング前の用足し、というわけだ。トイレをのぞいてみると、確かに女性トイレには長蛇の列ができていた。床は水（尿）浸しの惨状で、ぬれたトイレットペーパーはもはや残すところ数ミリの厚さとなっていた。

「一般の参拝客さんには申し訳ない限りです。でも、参内を断るわけにもいかず……」と神職の方は言うが、もちろん神社側に非などない。

他方、「でも、鹿児島は週1~2回ですから、福岡に比べればまだいい方です」(同)と語る。福岡県の博多港ではほぼ毎日、クルーズ船が寄港しており、2017年は361回の寄港を予定しているという。つまり、福岡県ではほぼ毎日、数千人規模の中国人観光客が入れ替わり立ち替わり、寺社や名所のトイレで〝自然現象〟の処理をしていることになる。

ちなみに、福岡県の太宰府天満宮は中国からのクルーズ客について、1日最低2000人を受け入れている。福岡県下の水道局にお願いして、神社仏閣に2000人が訪れた場合の上下水道の月間使用料を概算してもらったところ、ざっと22万円だということが分かった。

〝自然現象〟はやむを得ないとはいえ、「せめてお賽銭でも」というのは神社側に共通する感情なのだ。しかし、賽銭を投げる中国人客はほとんどいない。それすら望めないのだとしたら、太宰府天満宮に敬意を払うべく、きちんと由来を解説し客に理解を促すというのが礼儀というものだろう。だが、所詮それも期待できない。「中国人ガイドが行うその説明は、適当で間違った解釈が多い」(同天満宮担当者)というのが実態なのだ。

中国人クルーズ客は、消費はしないが排泄はする。「水」と「トイレットペーパー」が大量消費され、入園料や拝観料を取らない観光スポットはそのコストだけを負わされる。彼らが地元の商店で地元の特産品を購入して地元経済が潤う分にはウィンウィンの関係とも言えようが、地元では観光バスを除けばどこも儲かってはいない。最後に残るのは〝民族資本系の免税店〟だが、免税だから国にも税金は落とされない。

「経済効果」に高い期待が寄せられたインバウンドだが、これは幻想にすぎない。日本の国民はこの幻想に、いつまで我慢をし続けるのだろうか。

2 〝激安クルーズ船ツアー〟で訪日する中国人客の実情

2016年12月初旬、博多港に上海からのクルーズ船が寄港した。春節シーズンを前に、中国で売り出されたこのクルーズ船のツアーは、上海―博多―韓国・済州島をめぐる4泊5日の船旅だった。

中国の大手旅行会社・携程《シートリップ》などの資本で建造された中国初の豪華客船だ。1814人を乗せたこの客船の停泊時間はわずか3時間。中国人ガイドの誘導で買い物スポットに連れて行かれる中国人客の中に、筆者の上海の友人である郭夫妻（仮名）も交じっていた。

夫婦で参加した豪華クルーズ船の旅は、年金生活を送る「切り詰め型」の郭夫妻の台所事情を知る筆者からすると、ずいぶん思い切った決断のようにも思えた。

そこで、どういった経緯でこのツアーに参加したのかと尋ねてみたところ、意外な答えが返ってきた。

「参加費が激安だったのよ。ツアー料金は4泊5日で1人2000元（約3万2000円）。この予算で2カ国も回れるのだからお値打ちでしょう！」

郭さんいわく、このツアーは「町内で募集がかけられた商品」だった。郭さんは上海市内から西に延びる高速道路沿いの庶民向け集合住宅に住んでいる。このツアーは言ってみれば、「町内会の慰安旅行」のような感じで、郭さんの話からは、同じような生活レベルの世帯、同じような年齢の参加者が集まったことがうかがえる。

また、旅行会社からすれば「数集め」のために組んだツアーだといえるだろう。業界では「最近は訪日旅行も一巡し、客もかき集めてこなければまとまった数にならない」（旅行関係者）ともいわれている。

一方、ツアーでどんな買い物をしたのかと尋ねると、郭さんは「何も買わなかった」と答えた。「上海でも買えるものばかりだから」というのが主な理由だったが、博多でも済州島でも、目玉企画である「免税品店でのショッピング」は、とりあえず行ってみただけだったようだ。工場労働者として〝生涯節約を通して生きてきた世代〟には、強い物欲もない。

物欲どころか、この夫婦が強めているのは中国人ガイドへの不信感だ。中国の国内旅行で、中国人ガイドが強いる買い物で苦い思いを経験した郭さん夫婦は「旅先で余計な買い物はしない」と心に誓っていた。

「博多港で連れて行かれた免税店も、中国人が経営しているのは明らかでした。お客も販売員も全員中国人で、日本人は一人として買い物をしていません。商品の質も怪しげで、物によっては日本の正規ブランドとはいえない商品もありました。つけられた値段もあまりに高い。団体ツアーともなれば中国人が中国人をあからさまにだますのは明らか。私たちのツアーグループはこれを警戒して、常に傍観に徹していましたよ」

中国人ガイドの口車に乗ってはいけない――郭さん夫婦は始終、財布のヒモを固く締めていた。

郭さん夫婦にとってこれが2度目の訪日経験だ。身近に日本ブランドがあふれる上海で生活する彼らにとって、怪しげな商品を排除することは難しくはなかった。しかし、このクルーズ船の乗客は「初めての海外旅行」が大半だったらしく、郭さん夫婦のような存在はまれで、むしろ勘所を持たない内陸出身者が大多数を占めた。怪しげな免税店ですっかりいいカモになっていることは想像がつく。

「トイレの使い方すら知らない中国人」が新たな客に

昨今の訪日客の変化は、東京・銀座にも表れている。

銀座5丁目にあるファンケル銀座スクエア。２階の女性用トイレから日本人客が血相を変えて出てきた。「トイレが水浸しじゃない」——。従業員を見つけると客はその惨状を訴えた。トイレのクレームは1回や2回ではなかった。「洋式トイレの蓋があれば、蓋の上に用を足してしまう」と、同スクエアの深澤典子館長も頭を抱える。トイレ掃除は30分に1回の頻度ではもはや間に合わない。点検もマメに行い、トイレの使い方もイラストを使って指南するようになった。中国人客の使用頻度の高いフロアのトイレでは、蓋そのものを取り外してしまった。

インバウンド人気の高い同館は、すでに中国人の客層の変化を察知していた。２０１５年をピークとする「爆買い」の頃は、いわゆる中国人富裕層も多く、中には〝全身シャネルで固めた奥様〟もいたという。当時は「あればあるだけ」「勧めれば勧めるだけ」購入した彼女たちだったが、最近は「ピンポイントの目的買い」に変わった。「５４００円以上の購入なら免税となりますよ」と勧めても「これだけでいいです」と、ガードが固い。

春節、銀座の従業員は手持ち無沙汰に

２０１７年の春節連休は1月27日から始まり、中国旅游局によれば、中国から海外に６１５万人が出国した。海外旅行ブームは衰えておらず、その数も前年比７％の増加となった。日本でも、前年や前々年に見たような中国人観光客がもたらす消費に期待が寄せられ、東京・銀座も多くの店舗が中国客を待ち構えた。

だが、春節商戦は出鼻をくじかれる形となった。筆者は春節期間中、銀座界隈を3回に分けて訪れてみたのだが、雰囲気は明らかに昨年とは違った。「爆買い」転じてすっかり「買い控え」ムードだったのだ。

ＪＲ有楽町駅に隣接する家電量販店は例年の熱気とは打って変わり、地下1階の炊飯器コーナーには中国人らしき人影はなかった。数寄屋橋の空港型免税店は平日より客の入りはあったものの、「活気ある売り場」からはほど遠い。一世を風靡した日本ブランドの化粧水も、競うように求める客の姿は消えてしまった。

晴海通り沿いのドラッグストアの免税専用のレジカウンターでは、たった一人の中国人客が会計をしていた。「ツーリスト専用」に別棟の化粧品売り場を設けた百貨店もあったが、そこで筆者が見たのは、客待ちの従業員の姿だけだった。

銀座通りの路面店には「春節特価」などといった看板を掲げ、中国人客の購買に期待を寄せ

る店舗も少なくない。中には売上高が前年比で伸長したところもあったが、2017年の銀座は肩透かしを食らった格好で、どの店も「手持ち無沙汰の従業員」が目立った。

目につく「手ぶら」の客

中国人客は確かに銀座に訪れてはいるものの、道を行き交う中国人客の数も観光バスの数も、例年に比べて明らかに激減した。しかも、集合時間に戻ってくる中国人客はみな示し合わせたかのように「手ぶら」である。家電製品は言うまでもなく、大きな買い物袋を三つも四つも——という昨年までの姿はほとんど見られない。

たまに大きな袋を提げる中国人客とすれ違ったが、下げているのはユニクロかGUがほとんどだ。2016年には多くの中国人客がトランクを引っ張りながら「銀ブラ」をしていたものだったが、その〝トランク族〟もすっかり消えてしまった。

円高や中国の関税強化を原因に急失速する「爆買い」。この急変が直撃するのは、免税店大手のラオックスだ。2015年4月に3万9000円を超えた平均顧客単価は、2016年第4四半期には2万円を割り込み、過去2年で最低の水準となった。

2016年の春節、ラオックス銀座本店の1階フロアでは、1億3000万円の赤サンゴをはじめ豪華な宝飾品が展示されていたが、2017年、そのフロアに現れたのは〝ドラッグスア的品揃え〟の商品群だった。2階には高級時計や南部鉄器が陳列されているが、これに見入る客はわずかだ。「爆買い」の影響で価格が急騰した南部鉄器も、ついにそのブームが終わったようだ。

富裕層はもう日本に来ないのか？

2015年、中国からの訪日客が団体旅行を利用する割合は50%弱にまで減り、これに代わって個人旅行が50%強にまで増えた（在上海日本国総領事館）。旅のスタイルが個人旅行にシフトするが、団体ツアーは依然存在する。しかし、旅行商品は明らかに「低額化」にシフトしているようだ。

海外旅行に憧れる新たな〝予備軍〟たちが「激安ツアー」にアンテナを張るという傾向は、最近ますます強くなってきている。2017年の春節を前に、中国では3泊4日で2990元（約4万8000円）という破格の訪日フリーツアーが販売された。このツアーを企画した中国の旅行社は、発売の経緯について次のように明かしている。

「中国人に発給される日本の観光ビザの要件に『年収25万元以上』というハードルがありますが、今回はそのギリギリのラインにいる『年収25万元の中国人』をターゲットに企画したのです。年収が25万元（約400万円）あれば、少なくとも3000元程度の預金はあるだろう、ともくろんだのです」

富裕層やアッパーミドルを中心とした訪日客はすでに一巡し、一服感が出始めた。新たな訪日旅行者を掘り起こすには、さらにハードルを下げなければならないというわけだ。この「激安ツアー商品」が告げるのは〝訪日客の顔ぶれの変化〟である。

台湾出身で観光業界に関わる唐輝さん（仮名）は、中国人観光客の動向を次のように捉えている。

「この数年で北京や上海などの沿海部の富裕層は、大抵の人がすでに日本を訪れ、欲しいと思うものを買い尽くしました。これから訪日するのは、中間層よりも下の一般庶民になるでしょう」

訪日客に「一般庶民」が参入してくれば、再び〝激安市場〟が形成されることになる。中国の激安ツアーを利用して日本に来れば、宿泊先はリノベーションもしないボロ宿で、連れて行かれるのは、中国人経営の〝ぼったくり免税店〟だ。こんなことが繰り返されれば、中国人客が被害を受けるだけではなく、日本にとってもマイナスイメージをもたらしてしまう。初めて日本を訪れる中国人客ならなおのこと、「日本はこの程度か」「こんなぼったくり店の横行を許すのか」という誤解すら招きかねない。

「〝安売り競争〟が一度始まってしまうと、すべては悪循環に陥る。当然、中国人のマナー問題も再燃するでしょう」と警戒する声もある。そうなれば、日本人の中国人へのイメージがさらに崩れてしまう。これは決して歓迎できる動きではない。

3　クルーズ船が「宝船」と言えないもう一つの理由

2016年12月1日、米国司法省はプリンセス・クルーズ社（本社・米カリフォルニア州）に対し、「故意に犯した汚染に対して過去最大の罰金4000万ドル（約46億円）を支払わなければならない」との判決を下した。

同社は北米最大手のクルーズ船運航会社であるカーニバル・コーポレーション（本社・米マイアミ州）傘下のクルーズブランドの一つ。今回の4000万ドルという高額な罰金は、同社のクルーズ船が違法に汚染物質を海洋に投棄したことに対するものだ。

ワシントン・ポストなど在米メディアは、「スター・プリンセス」「グランド・プリンセス」などのクルーズ船で「２０１３年に発覚するまで、過去8年にわたって違法投棄が行われてきた」と報じた。日本法人のカーニバル・ジャパンは、「由々しきことだ。だが、発覚以降3年間にわたり、社を挙げて環境規制を遵守するよう取り組んでいる」（広報）と話す。

国際海事機関（ＩＭＯ）が１９８３年に発効した海洋汚染防止条約では、油、有害液体物質、危険物、汚水、廃棄物など、船舶の航行に起因する環境汚染防止に厳しい規制が敷かれている。ワシントン・ポストは「他社でも潜在的に行われている」と指摘する検事のコメントを掲載した。

抗議に出る港の住民も

「クルーズ船」は、日本では新しい産業だ。それだけに経済効果などの輝かしい一面がフォーカスされる傾向があるが、欧米社会では必ずしもクルーズ船を「光」としてのみ捉えることはしない。それどころか近年は、世界の寄港地で、クルーズ船がもたらす環境汚染に対する抗議運動が起こっている。

かの豪華客船タイタニック号の出航地として知られる英国サウサンプトン港は、ヨーロッパ有数の取扱量を誇る港だが、２０１６年5月、英字紙ガーディアンの電子版は近隣住民の高まる大気汚染への不満を次のように報じた。

「6780人の乗客と2100人の乗務員を乗せた世界最大のクルーズ船が、イングランドに別れを告げた。サウサンプトン港の地元住民らは出航してくれてよかったと思っている。彼らはクルーズ産業の急成長と船体の巨大化につれ、クルーズ船が排出する大気汚染が年々ひどくなることに不満を募らせているのだ」

近年はイタリア、スペイン、オーストラリアやハイチなどでも、地元住民や環境団体がクルーズ船の寄港に反対する声を上げている。

ちなみに、世界的な環境団体フレンズ・オブ・ジ・アースの調査によれば、「1週間の航海で21万ガロン（約97万リットル）の屎尿と100万ガロン（約460万リットル）の汚水が出る」という。また、大型船ともなると「1日当たり150トンの燃料を燃焼させ、排出される硫黄酸化物は車数百台以上に相当する」との報告もある。

日本も汚染とは無縁ではない。クルーズ船の寄港では高い実績のある横浜港では、たびたび市民からの苦情が舞い込んでいる。港湾関係者は次のように明かす。

「停泊中のクルーズ船が黒い煙を出していることに対して、市民からクレームを受けたこともあります。こうしたこともあり、横浜市では岸壁に発電所を設け、ここから電気を供給することで重油の燃焼を減らす計画を検討しましたが、結果として費用負担の大きさから、現在はペンディングになってしまいました」

船舶がもたらす環境汚染は、そこへの規制が存在するとはいえ、まだまだ課題は多いのが現状なのだ。

クルーズ効果に屈せずブランドを守る奄美

クルーズ船で入国する外国人旅客数について2020年に100万人達成を目標に掲げていた日本政府だが、すでに2015年に前倒しでこれを実現させた。国土交通省によれば、2016年の日本の港へのクルーズ船寄港回数は過去最多の2018回で、うち外国の企業が運航するクルーズ船寄港回数は50％増の1444回（前年は965回）と急増した。

広島大学大学院総合科学研究学科のフンク・カロリン教授は「日本でも奄美大島でクルーズ船寄港反対の声が上がった」とし、「経済効果を期待するあまり、日本では反対の声は少ないが、こうした声はこれから多く出てくるのでは」と警鐘を鳴らす。

鹿児島県と沖縄本島の中間に位置する奄美大島は、風光明媚な観光地として高い人気を誇るが、その奄美大島に、上海を出航地とする中国人客を乗せた巨大クルーズ船「ロイヤル・カリビアン」の寄港地開発計画が浮上した。住民への説明会が持たれたのは2016年6月末。奄美大島龍郷町の浜に「350メートルの桟橋を建造する」という内容に、住民は7月上旬から反対運動を展開した。

住民は、乗客5400人と乗組員2100人を収容する22万6000トン級の巨大クルーズ船が寄港すれば「龍郷町の手つかずの自然が失われる」と不安を募らせた。「龍郷湾を守る会」のサイトには、「龍郷町の人口は約6000人であり、その数に匹敵する乗客乗員への対応など不可能」とする危惧がにじみでていた。このままでは奄美ブランドが低下するという危機感は、地元住民の切実な訴えでもあった。

こうした反対運動を経て、2016年7月下旬、龍郷町はクルーズ船の受け入れ断念を表明した。龍郷町役場の企画観光課は「この結論は『島の魅力は手つかずの自然だ』とする町民と、民意を前提にまちづくりを行いたいとする町長が出したものなのです」と語っている。

クルーズ船誘致の前に市民参加の議論を

龍郷町は住民がその強い意志を貫いた貴重な事例だが、今の日本の港町はむしろ「クルーズ船誘致」に血道を上げているのが現状だ。「年間の寄港隻数」を競り合う自治体もある中、〝おもてなし合戦〟もまたエスカレートしている感がある。「あそこの港ではあんな派手にやっているから、わが自治体も」と気負う自治体も少なくない。

京都府の「舞鶴市民新聞」は、こうした〝おもてなし合戦〟に疑問を抱き、「クルーズ船観光は宝の船か」と題する記事を掲載した。以下は同紙記事からの抜粋である。

「舞鶴はどうだろうか。下船した乗客は観光バスに乗り、天橋立や京都市内等の人気観光スポットに行っている。とてもじゃないが街が潤っているとは言えない。仕事を休まなければいけないなど負担ばかりが圧し掛かる『おもてなし』をする市民の顔にもどこか疲労の色が見える」

おもてなしに参加する舞鶴市民に、どれほどの経済効果が及ぶのか。この〝本業をなげうってのおもてなし〟がいつまで持続するのか。クルーズ船の誘致をめぐっては、市民参加で議論しなければならない課題が山積みであるものの、声を発するには至っていない。

前出のフンク・カロリン教授はその論文で「クルーズ船による効果と課題は経済、環境、交通、観光、地域のような、複数の視点から分析する必要がある」と述べている。同教授はクルーズ船に反対する立場でこそないが、誘致一辺倒の日本の在り方に疑問を呈する学者の一人だ。

クルーズ船の誘致以前にあるべきなのは、市民参加のもとで行う議論と分析だ。もちろん、環境汚染の可能性についても知識を深めなければならない。それが後手に回っているのが日本の現状である。「わがふるさと」の何を守り、何を発展させていくのか――日本でも住民が主体となって意見を述べるときに来ている。

第5章 中国人の心の中の日本

1 日本ブランドに向ける中国人の愛憎の歴史

中国人を市場にしたビジネスは「中国の政治に左右される欠点」を持つ。例えば、2012年9月に中国全土で燃え広がった反日デモでは、中国人は日本への激しい憎悪を覚醒させ、日本ブランドの不買運動を起こした。中国人の日本への渡航にブレーキがかかったことも記憶に新しい。

それから数年を経ても、日中の政治関係は2012年以前の状態には修復していない。しかし、この数年で中国市民はマインドを180度転換させた。攻撃の対象にした日本ブランドは、彼らの中でみるみる価値を帯び始め、2015年には「爆買い」現象すら起こった。反日デモが巻き起こる上海で、日本ブランドと分かるような物は一切持たないことを心掛け、なるべく目立たないように上海で生活していた筆者（周りの中国人から、そうするように勧められた）からすれば、「舌の根も乾かぬうちに……」である。彼らの頭の切り替えはあまりに速い。

すでに反日デモは過去のものとなり、民間経済はそれを克服しようと新たな方向に向かおうとしているが、ここでもう一度、あのとき何があったかを振り返りたい。善くも悪くも、2012年は「日中の時代の転換点」となったからだ。

激しい日本ブランドのボイコット

2012年9月18日、当時筆者が住んでいた上海でも、反日ののろしが上がった。在上海日本国総領事館に乗り込むデモ隊が、次から次へと波のように押し寄せた。「魚釣島は中国のものだ」「日本製をボイコットせよ」と叫ぶデモ隊が日本領事館を取り囲む様子を、筆者が息を殺して見つめていると、1枚のビラを握らされた。ビラには「日本ブランドをボイコットせよ」と見出しのある、簡体字で書かれた日本のブランド名の〝ブラックリスト〟だった。

一般市民の消費に直結する日本ブランドは数知れない。コンビニの「全家《ファミリーマート》」もあれば「羅森《ローソン》」もある。そこで売られている飲料には、キリンの「午后紅茶（午後の紅茶）」や「三得利《サントリー》」のビールがある。菓子類ではグリコの「百奇《ポッキー》」がロングセラー商品だ。ビラにはこれらもリストアップされていた。

上海なら多くの家庭に、ダイキンや日立のエアコン、ソニーやキヤノンのデジタルカメラ、東芝のPCが入り込んでいる。大学の講義で使われるプロジェクターもパナソニック製だ。しかし、中国市民には一体どれが「純粋な日本製品」なのかがはっきりしない。そのため、こうした〝ブラックリスト〟がばらまかれたのだ。

こうした反日デモは、21世紀に入り3回勃発している。2005年4月は、教科書問題や日本の国連安保理常任理事国入りを反対する人々がデモ行進をし、2010年9月には、尖閣諸島周辺海域で海上保安庁の巡視船と中国漁船が接触、海上保安庁が同漁船の船長を逮捕したことに市民は反発を高めた。

2005年の上海デモでは、日本料理店を中心に「日本」と名のつく看板や店舗が破壊の対象にされた。2012年はこうした教訓から、上海市中の関連の店舗などは「日本語看板」をブルーシートで覆ったり、入り口に中国の国旗を貼ったり、日本語表記を隠すなどして暴徒に備えた。上海では比較的スマートな抗議活動が展開され、デモ隊も「主張」はするが「暴挙」には出なかった。

だが、それは一部の大都市に限ったことだった。内陸の都市では信じられない暴挙が起こった。西安市では一部のデモ隊が、向かってくる日本車を1台、また1台と襲撃し、破壊し、ひっくり返して歩いた。その中には子どもを乗せたホンダ車もあった。デモ隊は運転手が跪《ひざまづ》いて「子どもがいるから」と叫んでも破壊に及んだ。フロントガラスを足で蹴破り、こん棒で車体を滅多打ちにした。

反日デモの影響は、現実のビジネスに支障をもたらし始めた。日系企業の売り上げはみるみる落ち、企業間取引が滞った。例えば、機械部品などの生産企業は「日系企業だから買わない」と拒否されるケースが増え、その逆に「日系企業だから」という理由で、部材を提供してもらえないケースも増えた。入札に参加できない設計会社や、見本市の参加を拒否された医療機器メーカーもあった。

日本製品をボイコットする中国人

こうした要因も影響し、日系企業はその後、事業縮小の検討に入った。具体的には中国事業における新規投資は行わない、予算配分を減らす、人員削減を行う、などがそれであり、２０１４年には本格的な事業撤退が始まるようになった。「チャイナプラスワン」という言葉が日本人事業者の背中を押し、これまで「赤字垂れ流し」に甘んじてきた企業もついに中国での事業に見切りをつけ、インドや東南アジア各国への「新天地」を目指した。

政治リスクをどれだけビジネスに織り込み、どうリスクヘッジをするのかは中国に進出する日系企業の最大の関心事となり、企業は互いの動向を注視するようになった。

尾を引く日本ブランドへの嫌がらせ

日本の進出企業への嫌がらせは続いた。毎年3月15日の「世界消費者権利デー」に乗じて、中国では「国際消費者権益日」を展開、中国中央電視台（ＣＣＴＶ）の番組で〝スケープゴート〟が叩かれるのだ。反日デモから半年後の２０１３年３月に〝攻撃ターゲット〟となったのは、日米の企業だった。

米アップル社は顧客サービスの問題が指摘された。保証制度など、中国の消費者に対するアップル社のサービスが、他の国に比べて低すぎるというものだった。

これに対して同社は、中国における保証制度は「米国や世界中の国々とほとんど同じ」と主張を取り下げなかった。これが災いし、テレビ報道は連日バッシングの連打、インターネットメディアにも批判記事があふれ、同社への攻撃は瞬く間に広がった。

他方、日本企業のスケープゴートは資生堂だった。バッシングの芽が出たのは、同番組が放送される2週間前のことだった。

２０１３年３月３日、新京報に「中国国家品質監督検査検疫総局は今月2日、通関検査・検

疫で安全性に問題が見つかった食品240ロット、化粧品7ロットを公表した」とした記事が掲載された。この中には資生堂の「アネッサ」があった。この日焼け止めから「カドミウムが検出された」というのだ。

カドミウムといえば有害物質だ。中毒を引き起こしやすいことから、日本ではイタイイタイ病の発生をきっかけに厳しく取り締まられてきた。ちなみに、日本では「玄米及び精米で0・4ppm以下」と定められており、この基準はコーデックス委員会が策定した国際基準値と同じである。一方、日本の食品安全委員会は「カドミウムは、土壌中、水中、大気中の自然界に広く分布し、ほとんどの食品中に環境由来のカドミウムが多少なりとも含まれる」としている。対象物を検査すれば「ゼロ」になることはないのである。

中国で消費者の絶大な支持を得ていた人気商品の日焼け止め「アネッサ」は、あと少しのところで中国市民の猛攻撃にさらされるところだったが、ローカルスタッフの奔走で事前に事なきを得た。「140年という年月に耐えるブランドは、そう簡単に消費者を裏切る行為に出ることはない」と、中国の消費者も冷静だった。

3月15日の「国際消費者権益日」には大抵日本企業が祭り上げられる。2014年はニコンが、2017年は無印良品がターゲットになったが、近年は中国の消費者が成熟したこともあり、バッシングも長続きはしなくなった。

日清戦争後に日本製品が投げ売り

しかし、「反日感情」という100年以上にわたって続く怨念は、そう簡単に消え去るものではない。

前述した資生堂製品に「カドミウム含有が認められる」と発信したのは、山東省青島市の検査検疫総局だったが、この山東省は日中の苦い歴史が刻まれた土地でもある。また、2012年の反日デモでは同じく山東省に立地する日系企業が痛い目に遭った。ジャスコは破壊と略奪の被害に遭い、パナソニックの工場は暴徒に取り囲まれた。

過去に山東省で何があったのだろうか。第1次世界大戦のさなかの1915年、日本の大隈重信内閣は中華民国の袁世凱大総統に対して21カ条の要求を行い、山東省のドイツ権益の譲渡を認めさせようとした話は有名だ。中国が主権の回復と国際的地位の改善を求めて臨んだのが1919～20年の「パリ講和会議」だったが、日本側の代表はこれを認めず、21カ条の要求は調印に至ってしまう。

長続きしなかった日本製ボイコット

当時の描写を中国人の論文に求めた。「巴黎和会中的青島問題」（徐宏英著）にはこうある。

「1919年5月1日、上海の英字紙『大陸報』が『膠州租借奪回の対日外交戦争に失敗』と報じると、国内の激憤は一気に高まった。3日、北京では学生1000人が集まり、『還我青島』（青島を返せ）と書いた横断幕を掲げ、4日には13の大学から3000人が天安門に集まり、21カ条の撤回を求めた。全国では学生が授業をサボタージュし、工場や商店はゼネストに入った」

1919年には中国でも日本帝国主義への攻撃の機運の高まりとともに、不買運動も熱を帯びた。市民は日本製品を求めず、各店舗で売られている日本製品は焼却させられた。日本製品を隠し持っている店舗は厳重に処罰された。

しかし、中国の不買運動は長続きしなかった。論文によれば、当時、日本製に取って代わることができる国産品がなかったためである。ボイコットをすればするほど、日本製品の値段がつり上がった。背後では投機家が動き、代替品の価格までもつり上げた。こうしたことが運動の持続を困難なものにしたという。

また、論文には次のように書かれている。日清戦争後の中国では、富裕層の子どもは日本製の布でできた服を着、茶楼の主人は日本製の陶器を使用していた。マッチ、はさみ、麦わら帽子、綿布など日常の必需品は日本製だった。日本製のマッチは質がよく、地元の製品はかなわなかった。しかも、不買運動をしながらも市井では日本製に相当な需要があった。――当時の不買運動は政治や外交を理由としたものにとどまらず、そこには「国産ブランドの未成熟さ」が常に背中合わせとして存在していた。

100年以上前の中国人も日本ブランドに対して相当なジレンマを抱いていたようだが、そのジレンマは、現代の中国人心理にも共通するものがある。中国市民は日本ブランドを心底嫌ってボイコットしたわけではなく、そうした空気に支配されて「やむにやまれず行動に出た」といった感じだろう。

その証拠に、2012年のデモ後、中国のネットでは「ネット上には反日デモや不買運動の画像が出ているが、キヤノン、ソニー、コニカ以外にこの写真を撮ったカメラはどれだけあるのか?」といった皮肉も出回った。そしてその後、大きな反動が起こる。それが2015年の「爆買い」である。

2 訪日旅行が中国人を変える

ほんの最近まで、中国人にとって日本や日本人のイメージは、中国政府による刷り込みの域にとどまっていた。いかに力説しても、日本に行ったことがない人々に、ありのままの姿を伝えるのは困難だった。1990年代後半からの上海生活で、筆者は常に虚しさを感じていた。

2014年11月、筆者は上海在住の徐紅さんの自宅を訪ねた。初老の彼女は開口一番「東京の宿はどこが安いだろうか」と乗り出してきた。徐さんの関心は、もっぱら「訪日旅行」にあった。すっかり諦めていた筆者にとって、意外な話題が待っていたのである。聞けば、息子さんが10月の国慶節連休で大阪を訪れたという。「日本はいい国だった」と絶賛し、「来年は一家で東京に行ってみよう」という運びになったらしい。

しかし、この一家はもともと日本が好きではないことを筆者は知っていた。何度か「日本に遊びに来て」と誘ったことがあったが、当時徐さん一家は「とんでもない」と首を振るだけだった。「行けば中国人はバカにされる。政治関係も悪いから、きっと意地悪をされる」というのが理由だった。初老の徐紅さんもまた心のどこかで軍人のイメージが日本人と重なり「日本人は怖い」と思い込んでいたのだろう。だが、それも仕方のないことだった。なぜならば、彼女の耳にはその手の情報しか入ってこないからだ。昼はラジオを聴き、夕方は『新民晩報』に目を通す。日本の情報は政治・外交以外はほぼ皆無で、2012年の反日デモ以降、ネガティブな報道ばかりが2年余り続いた。インターネット上ではブロガーの発信もあるが、デジタル世代でないためアクセスはできない。情報そのものが共産党政府により操作されるのがごく普通の世の中で、「日本の本当の姿」など徐さんは知る由もなかった。

だが、息子の日本への渡航が彼女に「知られざる日本」をもたらした。訪日旅行から帰国した息子は興奮気味に、個人旅行で訪れた日本体験を両親に話して聞かせたという。自分の目で見た日本と日本人は、中国国内の報道とは相当かけ離れており、カルチャーショックを受けたという。その話しぶりに、60歳代の夫婦は「今度は私たちも行ってみようか」と、その頑なだった態度を変化させたのだった。

親戚を敵に回しても日本が好き

「日中関係の修復といっても、まだ先のことだと思います」と語るのは、上海で日本語教師をする石洁敏さん（仮名）だ。日本の閣僚による靖国神社参拝、集団的自衛権、軍事演習――これらの報道を目にするたびに「中国人の感情を逆なでする」と言う。

その実、彼女は大の日本ファンなのだ。仕事柄、日本に出張することもあり、そのついでに旅行も楽しみつつ安くて品質のいい日用雑貨をお土産に買い込んでくる。

これも２０１４年のことだった。そんな石さんに一斉に批判の矢が向けられたのである。彼女は日頃から親戚と「微信《ウィーチャット》」でグループ通信を行っていたが、日中関係が冷え込むや、親戚たちから事あるごとにチャットで責められた。

「あんたは親日なのか⁉」――、そんなメッセージが何度も何度も送られてきた。石さんの

「日本贔屓」が気に食わないのか、親戚たちは無用に騒ぎ立てた。その親戚たちを相手に、彼女はひとりで応戦した。

「あなたたちの対日観は間違っている。日本に行ったこともないあなたたちに日本人の本当の姿は語れない」

「今の日本の若者は政治なんかにこだわってない。あなたたちが考えている日本人と実際の日本人はぜんぜん違う。まずは日本に行って、自分の目で見てください」

日本を訪れた経験もない人に〝本当の日本人〟を伝えるのは実に骨が折れる。親戚一同を相手に孤軍奮闘はさすがに彼女を疲れさせたが、一つだけ朗報があったという。それは、姪が日本への個人旅行に旅立ったということだった。

「ほら、いま彼女からメッセージが入ってきたのよ」

そう言って彼女は、スマートフォンをうれしそうに筆者に差し出した。そこには「今、伊勢丹のハンカチ売り場にいるの」とある。日本の小物が大好きなこの姪っ子は、色とりどりのハンカチに釘付けで、店頭から離れられなくなったようだ。

旅先からは続々と写真が送られてきた。その中に郵便物だけを撮影した写真があった。そこにはこんなメッセージが添えられていた。

「今年最大の感動、無くしたはずのものが戻ってきたということ！　京都で買ったお土産を無くし諦めていたけど、これがついに戻ってきた。誰かが拾い保管してくれたものを、どこかのおじいさんが落とし主に届けようと宿泊先を探し出し、ホテルまで郵送してくれたみたい。しかも、ホテル側は快く『着払い』を立て替えてくれ、ついにこうして私のところに戻ってきた。こうしたやりとりに関わるのはみんな赤の他人、なのに互いを信じて困っている人を助けようとする。小包を受け取ったとき私はとっても感激した」

石さんは「どんなに日本に憎悪を抱いている人でも、日本に行けば絶対日本が好きになる」と自信を持って語る。グルメや温泉、ショッピングだけではない、旅先で出合う心温まる小さな出来事が、中国人の対日観を変える大きなきっかけになっている。

誰が〝本当の日本人〟を伝えるのか

2010年から始まった日中関係のギクシャクは、中国の旅行業界を不況に陥れた。中国には日本の観光スポットを取り上げる訪日旅行の専門誌がいくつかあるが、こうした業界もまた〝ギクシャク〟の影響をもろに受けた。

訪日旅行を扱う出版社に勤務する中国人女性・何萍萍《フーピンピン》さん（仮名）は、日本への留学を経て日本文化に惚《ほ》れ込んだ一人だ。「中国人の知らない日本のよさを伝えたいと思い、この出版社で働きたいと思った」と語るが、入社当時は日中関係の最悪期であり、出版社も業績低迷で四苦八苦が続いた。

彼女を苦しめたのはそれだけではなかった。「むしろつらかったのは『日本が好きだ』と声を大にして言えなくなったことです」と何さんは言う。日本に対する反感のせいで、雑誌そのものが世間の批判の対象になってしまうこともあった。「2012年の反日デモ以降は、日本について前向きな評価を与えることはタブーでした」（同）と振り返る。

しかし、2014年の後半に入ると風向きが変わった。中国人旅行者の訪日旅行はブームとなり、「○○さんが連休に訪日旅行に行ったようだ」「××さんは3度目の日本観光から帰ってきた」などの話が職場で飛び交い、それまでまったく日本に関心のなかった人々が日本に目を向けるようになったという。

「日本文化」を伝える旅行雑誌の存在意義は、決して小さなものではない。中国の主要マスメディアで日本のいい面を取り上げる報道が少ないならなおさら、ましてや政治的に対立する日本に前向きな評価を与えることが困難な中で、「日本のよさを伝える媒体」は大変貴重なものだからだ。

2014年の下半期、中国国内ではまだ「反日」の雰囲気は漂っていた。しかし、日中の政治的解決など待っていられないかのように中国人旅行客は日本になだれ込み、日本国内は2015年に「爆買い」現象がピークを迎えるほど、中国人客であふれ返った。中国人客が初めての訪日で感じたものは、ふだん中国政府が声を張り上げて喧伝する「日本は悪、日本人は蛮族」とは真逆の真実だった。

日本における中国人客の訪日旅行は経済効果がクローズアップされがちだが、「日本と向き合おう」とする中国市民にも目を向けたい。自分の目で日本を見た「日本が好きだ」という中国人たちが、今後の民間交流をしっかりと支えてくれるだろう。

3　愛国はどこに？　薄れゆく上海市民の反日感情

9月といえば、毎年13億の中国国民が一斉に「反日感情」を覚醒させる時期である。9月3

日は「抗日戦勝記念日」だが、2015年のこの日、中国では大規模な国家的行事が計画された。

2015年のこの記念日は、戦勝から70年の節目の年でもあり、3連休が導入された。筆者が訪れた上海では案の定、〝火の粉〟を恐れた多くの日本人が退避していた。2012年9月の反日デモを経験した日本人なら、当時を思い起こさずにはいられなかったためだ。わずか数年前、上海の街全体が「五星紅旗」の赤い渦に覆われ、デモ隊が日本領事館めがけて怒涛のごとく押し寄せた。その反日のシュプレヒコールと横断幕に、在留邦人は強烈なショックを受けたものだ。

その悪夢の再来を恐れ、在留邦人は外出を控えた。日本領事館も「大規模な反日デモがこの時期に発生するとの徴候は確認されていない」としながらも「日本や日中関係に対して特に高い関心が集まりやすい状況」とし、注意を喚起していた。

大規模な国家的行事に格上げされた「抗日戦勝記念日」がどれほど燃え上がるのか。日本人は静かに動向を見守っていた。

街は平常通り

ネット空間はやはり、想像以上の〝盛り上がり〟を見せた。上海在住の中国人男性はこう語る。

「微信のグループチャットでは、不気味なぐらいに反日機運が高まった。特に地方出身者は相当熱くなっている」

ところが、上海での現実世界はそれとは真逆のものだった。

「実際、仲間と集まったが反日は話題にならなかった。ネット上であれだけ過熱しても、日本料理を食べたり、日本製品を買ったりしていた」と、この男性は語る。

上海の街は、結局いつもと変わらなかった。国家の慶事となれば街中に掲げられる国旗も、なぜかこの年は目立たなかった。この時期売られていても不思議ではない〝国旗をモチーフにした商品〟もない。「反ファシズム闘争70周年記念グッズ」は、外国人向けのニセモノ専門店でわずかに数種類が売られていたのを目にした程度だ。

一方、テレビや新聞のメディアは「抗日特集」を頻繁に繰り返していた。中国中央電視台は明けても暮れても「抗日勝利70年」を大々的に特集し、『環球時報』も数日間にわたり「抗日戦争」を集中的に掲げた。

だが、ここにも「トーンの変化」が生じていた。『環球時報』は中国共産党機関紙の『人民日報』をバックボーンに据える全国紙で、日本人が理解するところの〝右傾化メディア〟である。これまで国民に「反日」を刷り込む急先鋒として扇動的な役割を果たしてきた同紙が、対日批判を和らげたのである。

尖閣諸島をめぐって日中関係の悪化が最高峰に達した2012年9月、同紙社説はこう述べていた。

「我々は決心を固め、実力でこの日中間の領土問題を最終的に解決する。平和的解決は中国の最高の目標だが、このようなやり方は摩擦をもたらすだけであり、中国は十分な準備を進める必要がある。全面対決に至る可能性があるが、自信を持って不退転の決意でやり通すのだ」

当時、社説は平和的解決を否定し、短期間のうちに国民の愛国心を焚きつけ、日本との全面対決を国民に覚悟させることに成功した。同時にそれはジリジリと日本の立場を追い詰めていくものでもあった。

また、連日の社説は、政治、外交、経済、軍事の全方位から対日制裁を強調し、〝敵国日本〟を際立たせ、日本という悪者を退治することで世界の覇者に君臨しようと舌鋒を振るった。
経済成長率は2011年の9・3％から2012年は7・8％に鈍化したとはいえ、中国では「下振れは一時的」との見方がまだまだ強く、〝過剰な自信〟が支配的だった。そこには明らかに「大国に成長した中国は、もはや日本から得るものは何もない」という驕《おご》りも垣間見えた。

ところがわずか3年後、2015年9月4日の社説は習近平国家主席が軍事パレードの前に行った重要演説に倣い、「平和」を強調するようなものにガラリと変化する。

「中国は敵を作らず、対外平和を求める国家である。習近平が『中国は永遠に覇を唱えず、永遠に拡張はしない』と強調したが、これは外交辞令などではなく、中国人の対外（外交）の知恵である」

「中国の国際民主への渇望とは覇権を強奪するものではない、また中国人も自国が新たな帝国になることを望んでいない」

中国政府は事前から軍事パレードの目的を〝平和維持〟のためと繰り返したが、好戦的な中国が〝平和〟を連呼するその変貌ぶりは、むしろ違和感さえ覚えさせるものでもあった。

一方、同紙社説は日米牽制も忘れていなかったが、その一文は次のようなものだった。

「米日が中国に圧力をかけ利益の最大化を実現させている。これは打ち破るべき虚偽である。平和と安定は事実に基づいて真実を求めるものでなければならない」

中国語による2700字の原稿中、日米への牽制はわずか79字にとどまるものであり、上海市民もその変化を敏感に感じ取っていた。民間企業に勤務する中国人女性はこう語った。

「軍事パレード開催時に行われた習主席の重要演説からは、日本への恨みや憎しみが薄れたことを感じさせました。メディアも扇動的な記事を書かなくなりました」

確かに重要演説は「抗日戦争」というキーワードがちりばめられていたものの、日本を名指しで批判する箇所はなかった。中国政府は、9月3日に北京で開催される記念式典について「現在の日本や日本人に向けられたものではない」と繰り返していたが、軍事パレードそのものは、むしろ習主席が政権基盤を固めるための〝国民向け政治ショー〟だった。

対日感情がガラリと変化

一方で、軍事パレードと前後してデマも飛んだ。筆者のスマートフォンには「安倍首相が辞任した」というニュースが着信し、習主席の画像に「私は国民に3日間の休日を与えたが、これは訪日旅行に行かせるものではない」など偽のテロップをつけた悪戯も出回った。

仮想空間での悪戯に相反して、日本国内はこの〝抗日勝利3連休〟も中国人客でにぎわった。銀座5丁目の化粧品専門店は「軍事パレードのさなかも商品は売れた。政治的な動きがあったとしても、もはや日本の商品への信頼を損なうものではない」と手ごたえをつかんだ。

確かに習主席の演説の核となったのは過去の「抗日勝利」だが、それが現代の「反日」に転化することはなかった。上海でも「過去は忘れない」という声はあちこちで聞くことはあったが、「今の日本や日本人を恨む」というような反日的な発言はほとんど耳にしなかった。

こうした態度の軟化の背景には、上海市民が「反日」に飽きてしまった可能性がある。もともと政治よりも経済、理屈よりも実利を志向する上海人である。反日を唱える以上に、むしろ訪日旅行を軸にした新たな日中関係に活路を見いだしたとさえいえるのだ。

2015年の上海では、日本人の想像を上回る〝一大日本ブーム〟が訪れていた。今や日本は「中国人が選ぶ三大目的地の一つ」にまで格上げされ、日本は「行かなければ話題に取り残される」（上海市在住の50代主婦）ほどの人気訪問先になった。

2015年9月の滞在中によく耳にしたのは「民衆は同じ」という意味の言葉だった。「戦争は民衆を犠牲にしたという点では、中国人も日本人もない」と述べる上海市民は少なくなかった。もちろん、中国にはまだまだ反日色が強い地域もあるが、少なくとも上海市民は「愛国」「反日」だけでは動かなくなってきている。

4 「反日」から一転、上海に訪れた日本ブーム

2016年冬、上海の徐匯区にある日本風居酒屋を訪れた。大漁旗が掲げられた店内には短冊に書かれたメニューが壁一面に広がり、1970年代のフォークソングが流れる。東京の下町の居酒屋をそのまま上海に持ってきたかのような空間だ。

お客さんは圧倒的に中国人が多い。かつて、上海の居酒屋といえば日本人駐在員のたまり場だったが、昨今は地元の中国人が徳利を傾け居酒屋文化を楽しんでいる。

地下鉄2号線・静安寺駅の百貨店では、特設コーナーを設けて〝日本発のアイデア商品〟が売られていた。かつて、こうした商品は上海在住の日本人が好んで消費していたが、今では地元の主婦らが手に取るようになった。

日本語学習も新たな世代を中心に熱を帯びていた。筆者もここ数年で「日本語、教えて！」

と言われることがにわかに増えた。こんなこともあった。街中を歩いていると、たまたま中国人の女性営業社員のビラ配りに出くわしたが、そのうちの一人が筆者を日本人だと見抜いた瞬間、日本語でこう奇声を上げたのである。

「わーっ、日本人なんですね〜、私、日本語勉強中なんですぅ」

隣の女性社員が赤面しながらすかさず中国語で解説を加えた。

「この子は習いたての日本語をしゃべりたくてしょうがないんです。仕事中もわけの分からない日本語をひとりでつぶやいているんですから」

上海にはかつてから日本ファンは少なくなかったが、たとえ日本に関心があっても口にするのは憚られたものだった。最近は世代交代もあり、だいぶ自由な空気になったようだ。「日本が好き」「日本はいい」と、堂々と人前で言えるような雰囲気が醸成されつつある。

安徽省出身の李娜さん（仮名）は、昨年、初めて訪日旅行を計画したという。しかし、両親にはなかなか切り出せずにいた。勇気を出して父親に電話したのが出発の前日だった。日本行きを切り出すと父親は案の定、「日本に行くなどもってのほかだ！　すぐにキャンセルしろ！」と電話口で怒鳴り出した。

最後は母親が仲裁に入りその場をとりなし、翌日、彼女は何とか上海発関西国際空港行きの便に予定通り乗り込むことができた。李さんは「父親も自分の考えが古いことに気づいたようだ」と言う。

今や、訪日旅行は「団体から個人」で行く時代となった。その様子を、会社員の顧佳さん（仮名）は次のように語ってくれた。

「私の微信には100人ほどが登録されていますが、『朋友圏《モーメンツ》』という機能を利用して、いつも誰かが日本で撮った画像を発信しているんです」

少なくとも顧さんの周りの友人は、年間通して日本を訪れているのだ。「今、××にいる」「今、××を食べている」など、日本を体験する様子はスマートフォンを通してたちどころに広まる。

新世代が日本を利用し政府に発信

一方で、日本に駐在する上海人の沈蓉さん（仮名）は、こうした訪日旅行者たちのコメントを見て驚く。

「10人のうち9人が、日本をベタ褒めしているんです。警察官も駅員もみんなやさしく、区役所の公務員ですら親切で、日本は国民を大事にする国だと。これはむしろ、中国社会に対する怒りの裏返しであり、中国政府へのあてつけにも思えます」

なぜ中国人はこんなことに感心するのかといえば、中国では「公僕」という概念は薄く、一般市民にとって公務員とはまさに腐敗・堕落の象徴だからといえよう。公安（日本の警察官に相当）に至っては、良心に従い公平中正に職務を遂行するどころか、因縁をつけて金をせびる醜悪な存在というイメージが強い。中国には毛沢東時代の「人民のために尽くす」というスローガンがあるが、現代の社会において形骸化したこの言葉は、一種のジョークとして使われるにすぎないのだ。

「こうした現実の中で生きる中国人にとって、日本は理想郷のように映る一面があります」と沈さんは話す。もちろん、日本も一皮むけば矛盾だらけで課題は山積みであるが、「市民目線での制度設計や行政サービス」については、注目に値するのだという。

衣食足りて「民主」の重要性に気づいた国民は、もはや黙ってはいられない。しかし、表立って政府を批判できないのが中国である。そこで日本を徹底的に褒めちぎろうというわけなのだろう。中国政府に向け皮肉たっぷりの民意を伝える——、これが中国国民のささやかなるレジスタンスなのである。

日本を「いい」と言えるのは一大変化

筆者と中国との関係はかれこれ四半世紀にもなるが、「中国人は日本を批判することはあっても褒めることは少ない」というのがこれまでの実感である。「日本を褒める」というのはまれにはあったが、結びは「でも中国の方が優れている」と結論付けるのがお決まりのパターンだった。訪日観光においても「日本の観光地はスケールが小さい」「××文化は中国が起源」など、すぐに中国の優位性を主張するのが中国人客の癖でもあった。

中国は伝統文化における「絶対の自信」を持っている。その源流には印刷術や羅針盤、火薬の発明がある。だが、19世紀の近代化において、日本と中国は好対照を成した。明治維新において日本が必死に近代西洋文化の吸収に努めたのに対し、当時の清国は自国の文化を過信し、西洋文化には無関心だった。

早稲田大学名誉教授で中国研究者だった実藤恵秀氏（1896〜1985）は、著書『中国人日本留学史』（くろしお出版、1960年）の中で、中国の近代化の遅れの思想的原因は「中華思想にある」と指摘している。

2000年代は日中の経済格差が縮まり、中国経済が高まりを見せた。その一方で、まだ見ぬ日本に「小日本《シャオリーベン》」と見下す態度が強まった。日本の製造技術が伝わり、アニメ文化が浸透しても、「日本の社会」に関心を寄せる市民は当時、まだまだ少数に限られていた。

ところがここ数年、訪日旅行が復活し、日本ブームが顕在化するようになった。特に上海市民を中心に世代交代とマインドの切り替えが進み、虚心坦懐に「今の日本」を受け入れるようになった。素直に日本を「いい」と言えるようになった——、中国人の若い世代を中心とするこうした変化は注目に値する。

第6章 中国人客の今どきの決済のやり方

1　中国人客の消費のカギを握る「銀聯カード」とは？

赤、青、緑の3色重ねに白抜きで「Union Pay　銀聯《ぎんれん》」。２００５年末に日本に上陸した〝銀聯カード〟は、今では首都圏を中心に至る所で目にするようになった。百貨店はもちろん、家電量販店、ドラッグストア、飲食店、スーパー、コンビニなど、およそ中国人客が行くであろう商業施設にはこのロゴシールが貼られている。これは日本円がなくても「人民元で支払いOK」というサインだ。

中国の銀行カードにはこの銀聯マークがついている。店内の専用端末に銀行カードを通すと、利用代金が中国の自分の預金口座から落ちる。中国での預金残高を上限に欲しいものを買えるのは、銀行カードにデビットカードとしての「銀聯」の機能がついているためだ。「銀聯カード」での買い物は手数料もないので、中国人にとってはお財布そのものといってもいいだろう。

〝中国銀聯〟とは、中国人民銀行が2002年に設立した金融サービス機関だ。銀行間接続ネットワークを運営する会社で、異なる省、異なる銀行間の決済をスムーズにさせるための機能を全国に導入することを目的に発足した。その導入が始まるや否や、あっという間に中国全土に普及した。

2004年になると中国人の海外旅行ブームが始まるが、こうした動きに乗じて銀聯カードのネットワークも国境を超えるようになった。香港を皮切りに、銀聯カードが使える加盟店は瞬く間に広がり、中国人旅行者は外貨の持ち出し制限に縛られず、自由に買い物ができるようになった。2017年4月時点で、銀聯カードの発行枚数は60億枚を超え、加盟店は160の国と地域に広がり、中国を除いた加盟店舗は2600万店舗を超えた。

また、銀聯カードは、自分の人民元口座から〝現地通貨で現金を引き出せる〟という便利な機能もある。筆者もバングラデシュを訪れた際、手持ちの現地通貨の「タカ」が底をついたので、スタンダードチャータード銀行に行き銀聯カードで「タカ」を引き出したことがある。銀聯カードに対応したATM機は、今や世界で130万台（中国を除く）にも上る。

銀聯ネットワークが拡大した背景には、2000年以降、中国で急増した外貨準備高がある。1980年代前半は100億ドル台で推移していた外貨準備高も、2兆ドルを超すほどに積み増したことから政策も変わり、中国市民に対しても海外での消費を奨励するようになった。中国人が海外渡航する際に持ち出すことのできる外貨も、1人につき年間5万ドルまで拡大した。

日本でもようやく浸透

日本における銀聯カードの利用は、2005年12月からショッピングでのカード決済が、2006年4月からATM機によるサービスがスタートした。その後、急激に利用者を増やし、銀聯カードが利用できる加盟店は60万店に、またATM機は8万台を超えるに至った。加盟店の開拓は、三井住友カードをはじめとする大手カード各社を中心に、銀聯と業務提携を行う形で進められている。

今でこそ、銀聯カードは地方都市や観光地にまで加盟店を増やしているが、これまでの道のりは平坦ではなかった。日本における銀聯カードの利用環境が整うのは、2007年後半のことだった。日本でこの市場を切り拓いた銀聯カード関係者は、当時をこう振り返っている。

「日本はデビットカードが普及していなかったため、日本人に中国の銀聯カード機能を理解してもらうのは容易ではありませんでした。ある商店街では、頭ごなしに門前払いを受けたり、開いた説明会には受講者がたった一人だったり、なんていうこともありました」

また、利用者にとっても当初は使い勝手の悪いものだった。当時、銀聯カードを日本で使おうとした利用客は次のように語っている。

「東京の百貨店で銀聯で決済しようとカードを出しても、売り場の誰もが『銀聯？　知りませんね』という反応でした。ようやくカウンターの隅から専用端末を出してくるのですが、出てきたPOS端末は埃だらけで、使った形跡などありませんでした」

普及の黎明期、銀聯カードでの買い物は、日本の売り場にとっても中国人客にとっても骨の折れるものだった。

日本で銀聯カードのサービスが始まったのは2005年のことだが、初年度（2005年12月～2006年3月）の取引高について関係者は「5000万円程度だった」と振り返る。だが2006年度には7億円、2007年度は40億円、2008年度は130億円、2009年度は240億円と急成長を遂げる。サービス開始から10年を経た2015年度の取引高は推定で9000億円に達する勢いとなった。

「爆買い」を支えたのは、まぎれもなくこの銀聯カードだった。クレジットカードであれば利用限度額に拘束されるが、銀聯カードは預金残高いっぱいまで使える。「爆買い」時には、「中国人セレブが何千万円もするスイスの高級腕時計を買った」という噂が流れたが、これを可能にしたのはほかでもないこの「銀聯カード」だった。中国人が日本にもたらした旅行消費の9割近くが銀聯カードでの決済だといわれている。

銀聯カードは打ち出の小槌？

普及の過渡期には、銀聯カードへの誤解も生まれた。2010年を前後して、いわゆる〝富裕層〟と呼ばれる中国人客が日本を訪れるようになり、日本のマスコミは彼らの高額消費について「100万円、200万円の買い物は当たり前」と書き立てた。

こうした中国人客の消費を取り込もうと、銀聯カードによる買い物環境の整備に乗り出す小売事業者がポツポツと現れるようになった。中には、銀聯の決済システムを導入すれば中国人客がやって来ると思い込む小売店もあった。「銀聯カードは打ち出の小槌」と言わんばかりの、過度な期待を寄せるところも出てきた。

しかし、銀聯カードは〝魔法のカード〟でも〝自動集客装置〟でもない。確かに銀聯の決済システムを導入すれば、現金決済のみの店舗よりも「購入機会」のチャンスは広がる。外貨の持ち出し規制のある中国人客に買い物をしてもらうには、銀聯カードの利用環境の整備は必須だが、端末を設置したからといって、集客増・売上増に直結するというわけではない。それ以上に必要なことは、店舗側の〝営業努力〟であることは言うまでもない。

その模範例が、訪日旅行のムーブメントをいち早く察知した大阪の心斎橋筋商店街だ。中国や東アジアからの訪日客を積極的に受け入れるために「おいでやす事業推進協議会」を発足し、銀聯の決済システムの導入初期には、ミナミの4商店街を掲載した中国語版タウンマップの配布や、中国語版ポータルサイトによるPRなど、積極的なプロモーション活動を行った。当時の商店街振興組合幹部は「銀聯の決済システムの導入もさることながら、それ以上にマーケティングや販促活動が重要」だと語っている。

中国では日本以上にキャッシュレス決済が進んでおり、その中国からの訪日客は、日本でもキャッシュレス決済を好む。その消費を支えるのは依然、銀聯カードであることは間違いない。日本の地方での外貨両替が不便であればなおのこと、地方の観光産業にも銀聯カードの浸透が待たれている。

2　中国のスマホ決済急拡大の危うさ

中国でスマートフォン（以下スマホ）を使った電子決済サービスが普及している。スマホの

QRコードを店頭の端末にかざして決済する支払方法は、北京や上海で急成長している。

上海の陸家嘴金融区に勤務する呉海燕さん（仮名）は、毎朝出社前にコンビニに立ち寄るが、ここで財布は使わない。「朝ごはんの肉まんは、レジでスマホをかざすだけ」と言う。QRコードを使った決済は路上の雑貨店でもできるようになった。

呉さんが使っているのは「支付宝《アリペイ》」だ。これは、ネット通販モールの淘宝網《タオバオ》を運営するアリババ集団が提供する「第三者決済サービス」である。中国のモバイル決済市場には、これ以外にも「微信支付《ウィーチャットペイ》」など２６７社が参入する（２０１７年4月時点）。

「外資系勤務のホワイトカラーなら、何万元（数十万円に相当）もチャージしている」と呉さんが話すように、最近は30歳代以下を中心としたスマホユーザーの間で、「アリペイ」や「ウィーチャットペイ」などを利用した支払いが当たり前になった。上海市在勤の男性会社員は「食事のときの面倒な割り勘もこれでやりとりするし、子どものお年玉やお小遣いもウィーチャットペイで渡す」という。中国の都市部では、スマホはすでに「日常の財布」に置き換えられたといっても過言ではない。

中国では２０００年代後半からネットショッピングの利用が広がり、アリババ集団の「アリペイ」の登場とともにこの第三者決済サービスの市場が拡大した。第三者決済サービスとは、第三者決済機関が提供する口座を利用して消費者と販売者が決済を行うというもので、消費者

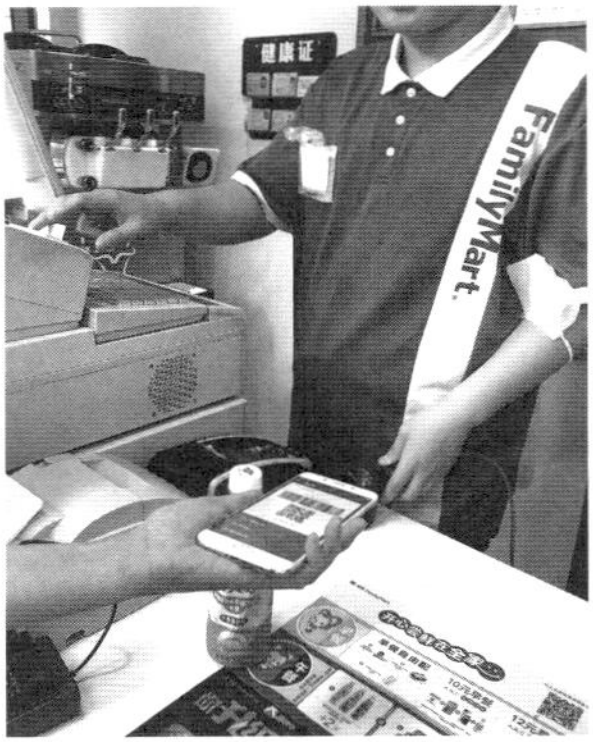

第三者決済サービスで支払い

はここに代金を振り込み、販売者にはここから代金が振り込まれるというしくみである。個人間の金銭のやりとりも、この第三者決済機関を経由して行われる。

中国決済清算協会がまとめた「中国決済清算産業運営報告（２０１６年版）」によると、２０１５年、中国の第三者機関によるモバイル決済は３９９億件、その金額は22兆元に成長した。これにインターネット決済を加えれば、その市場はさらに拡大する。

こうした電子決済が日常にすっかり定着した中国人からすると、日本はだいぶ遅れているように映る。呉さんも「２０１５年に日本を訪れたときにはアリペイでの支払いができなかったが、これができるようになればもっと便利になる」と話す。

中国式サービスに潜む盲点

その日本で、中国からの訪日客向けにスマホを使った電子決済サービスが始まった。訪日客の消費を取り込むには、「アリペイ」が持つ4億人超、「ウィーチャットペイ」が持つ9億人にも迫る利用者数は無視できない。滞在中も片時もスマホを離さない中国人客は、日本でも第三者決済サービスを利用するだろうという思惑から、日本の商業施設ではサービス導入に前向きなところもある。

しかし、この中国式サービスにはいくつかの盲点がある。その一つが消費者保護だ。そもそも、中国でこれら第三者決済サービスが本格的に動き出したのは2013年からであり、この短い歴史の中で法律も業界ルールも十分に整備されていないというのが実情なのである。

この第三者決済サービスは、プリペイドカードがそうであるように「前払い式支払方法」に分類されている。残高はいったん「第三者機関」に預けられるが、このとき資金の債権は顧客に帰属しても、顧客本人の名義で銀行に預けているわけではない。「アリペイ」や「ウィーチャットペイ」も同様で、これら支払機関が自身の名義で銀行に預けていることになる。

ところがこの残高は、第三者決済サービスが非正規の金融機関によって行われていることを理由に、「中国人民銀行法」や「商業銀行法」の適用を受けない。「ユーザーはひとたび支払機関にリスクが生じた場合でも、資産は保護されないという危険と背中合わせ」（中国政府系の金融専門家）だという。また、正規の金融機関ならば積まなければならない供託金も、「中国の第三者決済サービスはこれを行っていない」（日本の金融機関の管理職）。中国ではそれどころか第三者決済サービス機関による残高の使い込みが社会問題となっている。いったん預けられた資金を持ち逃げする悪徳企業もある。

日進月歩の第三者決済サービスに規制追い付かず

振り返れば、中国では2013年が「インターネットファイナンス元年」となり、アリペイなどに見る第三者決済サービスが爆発的に発展した。第三者決済サービス以外にも、預金・送金などの銀行同様のメニューや、融資や財テクなどの多様なサービス提供が構築された。こうした動きは、長年困難とされた中小零細企業や個人の資金調達に道筋を与え、中国の金融改革を推し進めるとも期待された。逆に言えば、中国の正規の金融機関が満たせなかったニーズを補うために生まれたサービスだといえる。

しかしその一方で、ルールも管理監督も不十分な中での高速発展は、一部のサービスにおいてその合法性や消費者の権益保護において多くの問題を生むようになった。

第三者決済サービスは、セキュリティー面での不完全さは否めず、第三者が本人になりすまして高額消費を行う、あるいは第三者が個人情報を盗み不正に資金を得るなどの問題が続出している。その根本には、「QRコード決済」そのものの安全性がある。相手が悪徳店舗ならQRコードを保存し、そこから顧客情報を盗むことだってできてしまう。また、サービス開始時に実名登録制を取らなかったことも災いしている。目下、業界は実名登録制への切り替えを急いでいる。

もとより、中国証券監督管理委員会は中国のネットファイナンスについて「その一部がシャドーバンクと化す」と懸念するが、「利用者がどんどん増える第三者決済サービスに、中国人民銀行の〝法の網〟が追い付いていないのが実情」（前出の日本の金融機関幹部）だという。

フィンテックとは「ファイナンシャル＋テクノロジー」の造語だが、どうやら中国の場合は、「テックの部分が先走りすぎている」ようだ。２０１６年、トラブル続きの業界に中国政府は矢継ぎ早に縛りを設けたが、それでも〝サービスの不完全性〟は否めない。日本のインバウンド業界では「中国のスマホ決済」を取り入れる動きもあるが、海の向こうの中国では、まだまだ「課題の多いサービス」として認識されていることは知っておくべきだろう。

3　スマホでマネロンの危険性、〝使われ方〟に要注意

実質青天井の中国の第三者決済

中国のスマホを使った電子決済サービスは「インバウンド・ビジネスの必須ツール」という触れ込みで、日本でもサービスの範囲を徐々に広げようとしている。いかに利便性が高いサービスとはいえ、消費者保護という観点では不完全な部分を残すことは前述した通りだ。その一方で、中国のスマホ決済は資金洗浄（マネーロンダリング、以下マネロン）の温床と化す危険性もはらんでいる。

中国の第三者決済サービスは、そこへの規制が追い付かずグレーゾーンの中で暴走を許す状態にあったため、中国政府はその歯止め策を講じるようになった。２０１６年秋、中国人民銀行が第三者決済サービス利用者のアカウントを３段階に分け、それぞれに利用限度額を設定したのも策の一つである。

対面での認証を要求しない「レベルⅠ」の利用者は、決済アプリのアカウントの残高で決済できる上限を年間累計１０００元までとし、また対面認証を経た「レベルⅡ」の利用者は年間10万元まで、とされている。またレベルⅠ、Ⅱが持つ決済・振込機能に加え資産運用の機能を持つ「レベルⅢ」の利用者は対面認証を経て年間20万元まで、と上限額が定められたのだ。

ちなみに、私たちが日ごろ利用するＪＲ東日本の「Ｓｕｉｃａ」でも最大2万円までしかチャージできないように、「前払い式支払方法」には必ず上限が設けられている。「ａｕ ＷＡＬＬＥＴ」もマネロンを避けるため銀行口座とはリンクさせず、チャージは最大10万円までと制限を加えている。

しかし、中国の金融に詳しい人物によると、「実際は銀行口座にひもづいていることから、預金口座に入っている分だけ使える」という。中国の第三者決済サービスにおける「上限」は、あくまで表向きの措置にすぎないようだ。

海外の決済では、本章第1節で触れたデビットカード機能を持つ中国銀聯があるが、中国銀聯は国務院の同意を得、中国人民銀行による批准を受けて開始したサービスであり、海外でのサービス展開も中国政府が承認したものだ。他方、「アリペイ」などはもともとベンチャーで始めたビジネスであることからこうした裏付けがない。今でこそ、規制も行われるようになったが、もとよりこの第三者決済というサービスは、ネットと金融がクロスするグレーゾーンで当局による監視を受けないままに拡大してきたのである。

1本400万円の美容注射？

2017年初頭、日本在住の中国人の間でこんなことがささやかれた。

「都内の美容クリニックで『1本400万円の注射』がスマホのQRコードを使って決済されたらしい」

1本400万円の美容注射⁉ と筆者もわが耳を疑った。美容クリニックの注射といえば、確かにいくつかの種類があり、一般女性の間でもポピュラーになってきている。加齢現象に悩む女性の中には、美容クリニックに駆け込んでヒアルロン酸注入（8万～24万円が相場）ではうれい線を薄くしようなどと試みる人も少なくない。だが、国民生活センターによれば、自由診療が中心の美容医療では、数本の注射で1000万円前後の請求をするクリニックもあるという。最近では、臍帯《さいたい》血の投与で1人当たり数百万円の治療費を受け取っていた複数のクリニックが再生医療安全性確保法違反に問われた。

確かに日本の美容クリニックには高額な注射や施術が存在するが、仮に1本400万円の注射を年間12回打てば実に4800万円だ。こうした大金が簡単に中国のアカウントから持ち出せるのなら、「打った医者と打たれた患者のみぞ知る」高額な注射は、十分にマネロンのリスクをはらむものだ。金融に詳しい事情通が「本当は注射など打ってはいないのに、打ったことにしてキャッシュアウトする可能性もある」とコメントするように、高額消費を装った中国人民元から日本円への資金移転に悪用される懸念は払拭できない。

実際、中国ではすでにスマホのQRコード決済の盲点をついた金融犯罪が続出している。2017年1月には、アモイ在住の女性が電子詐欺集団に全財産の377万元（約6000万円）を奪われるという事件が発生した。詐欺集団は女性に「今使っているあなたの口座が危ない」と連絡、資金を別の銀行の指定口座に移動するよう命じ、盗んだ金を第三者決済を経由する手口で海外に持ち出したのである。

「美容クリニックならまだいい方だ」とする声もある。〝風俗〟や〝ぼったくりバー〟などの店でスマホ決済が導入されれば、もっと大きな被害や組織的犯罪に利用されてしまう可能性がある。

加盟店開拓の基準設定は万全か

そもそもマネロンの温床になるか否かは、「加盟店の質」が一つのカギになる。例えば銀聯にとっても、日本でサービスを展開するためには加盟店開拓が必要だった。開拓するにあたっては最初に三井住友カードと提携し、その後も三菱ＵＦＪニコスやジェーシービーなどの大手クレジットカード会社と提携することで、加盟店の水準を保ってきた。うっかり変な店を加盟店にしてマネロンの温床にされでもしたらたまったものではないからだ。銀聯カード加盟店の審査基準は、日本のカード会社に倣って厳しいものであり、申込書を審査し、ふるいにかけ、場合によってはバランスシートを請求することもあるという。不良加盟店は排除し、俗に〝バーキャバ〟と呼ばれる水商売は対象外にしている。また、銀聯の場合、日本では不動産を取り引き対象にする企業も加盟店にはなれないという。

「アリペイ」や「ウィーチャットペイ」も、加盟店の審査基準は前記と同様の基準を設けており、ウィーチャットペイ関係者は「店の実在の有無、代表者の氏名などを確認する」と説明し、加盟店開拓については一部大手信販会社の起用もある。その一方で、加盟店開拓は複数の企業が代理として介在しており、非金融機関が代行するケースが多い。「加盟店開拓の代理をセカンドビジネスとしてやってみようか、という話が、在日中国人の間で最近よく出ている」（都内在住の在日中国人）と聞くが、そうだとしたら、代行にはさほど高いハードルは設けられていないことを示唆するものだ。

他方、日本のカード会社が加盟する日本クレジットカード協会は、日頃から加盟店管理を徹底させている。長年蓄積したブラックリストとともに加盟店に目を光らせることがマネロンの防波堤となるだけに、金融業界ではこうした取り組みを重視しているのだ。

この中国のスマホ決済が日本で本格的に始動したのは２０１６年を前後してのことであり、そのサービスはまだ緒に就いたばかりだ。それこそ「目標数字達成のためだけの加盟店集め」になってはならないだろうし、ましてや「第三者決済機関の加盟店になりすましたマネロン幇助」「中国人民元を日本円で引き出せる〝闇のＡＴＭ〟」などの温床をつくってはならない。

進む中国からの資金流出

海外への資金流出を最も懸念する中国政府だが、中国からの資金移転の〝裏技〟はいくつかある。「銭庄《チェンズアン》」とは中国のシャドーバンクの一業態だが、その主な業務は「外貨の売買」と「海外送金」だ。中国国内の利用者が銭庄にアクセスすると、「微信《ウィーチャット》」や「騰訊《トンシュン》ＱＱ」などの通信アプリを使って海外のブローカーにレートを確認し、その日のうちに海外口座への送金が行われる。手数料は1％前後にすぎないが、万が一、金を持ち逃げされても泣き寝入りするしかない。当局の管理・監督の及ばない非合法な金融組織であり、利用者は法的に保護されることはない。

闇の両替商もいる。中国都市部では、銀行の入り口にバイクに乗った男たちがたむろしていることがよくあるが、彼らは通称「黄牛《ファンニュウ》」と呼ばれる闇の両替商だ。非合法な存在だが、銀行よりもいいレートで外貨を交換してくれるため、地元民にとっては無視できない存在である。この黄牛の背後には、網の目のように張りめぐらされた地下金融ネットワークが広がっている。

「螞蟻搬家《マーイー・バンジャー》」といわれる人海戦術の方法もある。数十人規模で親戚や友人を動員し、それぞれの年間海外送金の上限である5万ドル枠を利用し、それを海外口座に送金させるという手口だ。ちなみに、螞蟻搬家とは「蟻の引っ越し」という意味の中国語だ。

同様に、銀聯カードもマネロンの一手段として利用されてきた。中国と日本を頻繁に行き来しているという貿易業の中国人男性は2014年当時、銀聯カードの〝活用法〟をこう明かした。

「銀聯カード1枚につき、1日1万元まで現金が引き出せます。銀聯の機能は銀行カードについているので、銀行ごとにカードを発行すれば、手元に10枚や20枚の銀聯カードを持つことができます。そのカードを使って365日毎日引き出せば、カード1枚につき年間365万元（当時のレートで約6900万円）、10枚のカードを持っていれば年間7億円弱、20枚なら13億円以上を引き出せることになるのです。そうやって日本の投資用マンションをキャッシュで買った中国人は結構います」

「爆買い」ピークの2015年前後に、銀聯カードを使った海外での多額の現金引き出しが急増した。この貿易業の中国人男性が語る手口で海外に資金移転されたのだろう。その後、中国政府は資金流失を防ごうと、海外での現金の引き出しを「銀聯カード1枚につき年間10万元まで」に制限してしまった。

銀聯カードは中国人客と受け入れ国に一定の経済効果をもたらしたが、その一方で、不正利用されかねないという弱点を露呈した。人民元の国際化を狙い、銀聯カードの利用を世界に普及させてきた中国だが、皮肉にもこれがリスクと化してしまったのだ。

第7章 日本のインバウンド市場を攪乱する「闇の中国資本」

1 日本企業に出番なし？ インバウンドの商機を奪う中国資本

インバウンド・ツーリズムは、日本の観光産業に大きな成長をもたらしている――。おそらく多くの国民がそう思っているかもしれないが、実態は私たちの想像に反している。中国からの観光客がこれほど日本に訪れているにもかかわらず、日本の旅行業界はなかなかインバウンドの恩恵を被ることができていない。

遠因は、海の向こうの中国での旅行社の増殖だ。中国で進む規制緩和で、いま旅行会社は乱立状態なのだ。「大衆化時代」を迎え、「格安ツアー」をうたい文句にしなければ客を惹《ひ》きつけられない中、中国人の海外旅行市場は劣悪な価格競争に傾斜している。そして、多くの中国人客を迎える側の私たちも、この「格安訪日ツアー」の影響と無縁ではいられない。

確かに2010年前後には1万元を超える、いわゆる「高額訪日ツアー」が売り出されこともあったが、今の中国では、訪日ツアーは3000元（約4万8000円）を切るようなツアーでないと人が集まらないという。この「格安ツアー」こそ、日本のインバウンド市場に深刻な影響をもたらしているのである。

民族資本系「ランドオペレーター」の実態

中国からの団体旅行客が日本を訪れる際、日本側には受け手となる手配代行業者がツアーの世話をする。旅行業界では「ランドオペレーター」と呼ばれ、ホテルや飲食、観光地や買い物場所のアレンジを行うのが主な業務だ。しかし、仕事の9割は「中国資本のランドオペレーター」に行ってしまうという。日本旅行業協会によれば、ランドオペレーターは免許制ではなく、旅行業法適用外となるため登録の必要はない。〝明日から電話1本〟で起業できるため、参入に規制がないこの業界に在日の中国人らが群がるようになったのだ。

日本の旅行会社が受注できないのは、中国からの団体ツアーがあまりにも格安すぎるためだ。たまに日本の旅行会社が受注するケースもあるが、「実績づくりを優先し、収益にならないツアーでも泣く泣く引き受けているのが実態」（旅行会社OB）なのだという。

では、なぜ中国系のランドオペレーターは、利益が出ないはずの「格安ツアー」を引き受けることができるのか。九州ではこんなことが問題になった。

九州某県に拠点を持つ中国資本の中小企業・A社がある。A社の主な事業は食品加工だが、近年、ランドオペレーターとしてインバウンド・ビジネスにも乗り出すようになった。A社は中国の旅行社が送ってくる中国人客の受け手となり、ホテル、飲食店、免税店を手配する。同時に、観光ガイドも引き受け、A社社長自らも得意の日本語で中国人客のガイド役を買っていた。

地元の旅行業界でA社は悪名高い存在だ。九州の旅行代理店で管理職に就く森川徹さん（仮名）は「訪日中国人客100人を免税店に連れて行くだけで、彼らの月間売上高は軽く1000万円を超えるんです」と眉をひそめる。

そのカラクリについては後述するが、なかなかインバウンドの団体を扱えない日本の旅行会社やランドオペレーターがある一方、「連れて行くだけ」でぼろ儲けをする〝民族資本系〟のランドオペレーターが存在するのだ。カギとなるのが〝ぼったくり免税店〟の存在だ。ガイドは何も知らない観光客に不当な利益を乗せた高額商品を売りつけ、そこで出た利益をランドオペレーターや中国の旅行会社で山分けする構図である。2016年3月、免税店から7600万円もの不正な報酬を得ていた中国人観光客相手のガイド2人が、福岡県で摘発されたことが日本の一部メディアで報じられた。

ちなみに、中国資本のみならず、台湾や香港、韓国のランドオペレーターの中にも「自国からの訪日客を〝ぼったくり免税店〟に連れて行く」というやり方で、日本のインバウンド市場を暗躍するところがある。旅行業界では彼らを〝民族資本系のランドオペレーター〟と呼んでいる。

市場整備の第一歩が始まる

言ってみれば、日本におけるインバウンド市場は、中国での客の募集に始まり、日本の観光から買い物に至るまでの行程すべてを〝民族資本系に牛耳られているといっても過言ではない。日本の旅行会社はおろか、関連業界も一部を除き、出る幕はほとんどない。しかも、日本で商売を行う旅行会社・レストラン・免税店などの〝民族資本系の事業者〟には「会社登記すらしていないところがあり、脱税を野放しにしている状態に等しい」(日本旅行業協会)。

ランドオペレーターは、〝電話1本〟ありさえすればすぐにでもできる商売であることは前述したが、開業のハードルが低い上に、その所在すらも確認できない。玉石混交のランドオペレーター市場をどう健全化させるかは、日本の旅行業界の新たな課題だ。

ランドオペレーターの実態が把握できない現状は、訪日客の安全な渡航にも大きく影響する。自然災害の多い日本において、ひとたび災害が起こると、訪日客がどこを旅行中なのか、どこに泊まっているのか、ツアーの状況をまったくつかむことができない。実際に、2016年4月に発生した熊本地震においても、安否確認の連絡が取れず、いくつかの民族資本系ツアーが音信不通になった。

観光庁によれば、今後は「ランドオペレーターの登録制」を導入する計画だという。新たな縛りを与えることで怪しい業者を振るい落とす考えだ。

2 悪徳免税店とタッグを組んでぼろ儲けする〝闇ガイド〟

2017年2月、筆者は東京発の富士山日帰りバスツアーに参加した。20人の乗客は全員〝中国語スピーカー〟で、中国、台湾、香港、東南アジアなどからの観光客だ。定刻に走り出した観光バスで、おもむろにマイクを手に取り中国語で語り始めたのは、日本人の通訳案内士・保田誠司さん（49歳）だった。

バスが東京タワーを通過するとその由来を、高速道路に差し掛かれば高度経済成長期の日本を解説し、八王子に差し掛かった辺りからは富士山の説明を始めた。バスが山梨県に入ると武田信玄の武勇伝と地元の食文化「ほうとう」を語る。

保田さんは時折、ハンカチで額の汗を拭く。一所懸命なのだ。ネイティブな中国語ではないものの、「伝えよう」という気持ちが分かるのか、乗客はみな、静かに保田さんの話に聞き入っている。

もちろん、保田さんはいくつかの注意喚起も忘れない。

「みなさん、バスツアーは団体行動です。どうか集合時間を守ってください」

「日本ではゴミは分別します。日本の街をよく観察してください。車内でもゴミは分別してください。勝手に捨ててはいけません」

「温泉に入る前に、まず先にシャワーを浴びてください。温泉はプールではありませんので泳ぐのは禁止です。頭まで漬かるのもマナー違反です」

ユーモアも交じる注意喚起に、乗客も悪い気はしない。しかも、事前にこうした注意を促せば、中国人客も戸惑うことはないだろう。日本人ガイドが適切に誘導することで、マナー問題にも〝一定のブレーキ〟がかかる。

中国人観光客を案内する保田さん

物売りに徹する〝闇ガイド〟

日本政府は「観光先進国」を成長戦略の柱に据えているが、こうした国づくりの一助となるのが、保田さんのような「通訳案内士」という国家試験にパスした有資格者たちだ。しかしその一方で、日本では〝闇の中国人観光ガイド〟が多数暗躍している。

〝闇ガイド〟は、日本の旅行業界では悪名高き存在だ。正規のガイドなら車中の時間を利用して日本の伝統や習慣を伝えようとするが、闇ガイドが車中で行うのはもっぱら販売行為、持参した段ボールの中から次から次へと商品を取り出しては、観光客に売りつけるという。乗客の安心安全は二の次、ひどい場合は、観光地で乗客を積み残して出発するケースもある。

中国で〝ぼったくりバー〟に連れ込まれる日本人観光客もいるようだが、ここ日本で中国人観光客は〝ぼったくり免税店〟に連れて行かれる。誘導するのは中国人の闇ガイドだ。闇ガイドの素行に詳しい別の日本人通訳案内士は次のように話す。

「〝ぼったくり免税店〟は、不当な値段をつけて訪日中国人客に販売します。客は後から『法外な値段を払わされた』と気づいて、結局『日本とはこういうところか』と不満を抱いてしまうのです」

〝ぼったくり免税店〟に行く理由

中国の旅行業界の特殊性は、日本人の想像に及ばない。中国では「ツアー1本」に「いくら」という値段がつき、中国人ガイドがそれを競り落とすというケースが存在する。中国を出発して帰国するまでほぼ無給で働く中国人ガイドにとって、「ツアー」そのものが飯のタネなのだ。中国の旅行業界に詳しい日本人女性は匿名を条件に次のように語ってくれた。

「中国にはガイドを束ねる胴元がいるんです。ガイドはこの胴元に『いいツアーを回してほしい』とねだり、胴元は胴元で、仕入れ元の旅行会社に対して『いいツアーを回してほしい』と媚びる。こんなふうにして中国の旅行業界は回っているんです」

「いいツアー」というのはすなわち、「ショッピング意欲満々の客」で構成されたツアーのことだ。ツアーによってはまったく買い物をしない客ばかりの団体もあり、ガイドからすれば「大ハズレ」となる。この女性によれば「ツアーの仕入れもギャンブルのようなもの」だという。では、「大当たりのツアー」とはどんなツアーなのか。それはガイドが案内する〝ぼったくり免税店〟で、お客がバンバン買ってくれるツアーである。

中には以下のような極端なケースもある。日本の旅行業界に詳しい経営幹部は内情をこう明かしてくれた。

「中国の旅行社が『100人の訪日旅行者をタダで引き受けろ』と、日本のランドオペレーターに振ることもあるんです。このときランドオペレーターはこの仕事を〝闇ガイド〟に『1人当たり1万円、合計100万円で買い取れ』と丸投げする。〝闇ガイド〟は旅行費用と仕入れ代金（100万円）を取り返し、さらに自分の利益を叩き出すために、〝ぼったくり免税店〟に連れて行くのです」

〝ツアー1本で100万円〟どころではない。関係者によれば、「〝爆買い現象〟のピーク時は、1本で数百万円のツアーもあった」という。それでもガイドにとっては利幅の大きい仕事で、「ガイドを1年やっただけで家が建つ」とまでいわれていた。ちなみに、中国人ガイドは大抵、団体ツアーとともに観光ビザで日本に入国する。就労が認められない観光ビザでガッポリ稼いだ挙げ句、後はまんまと課税逃れ……というわけだ。こんなおいしい商売があるだろうか。

ところで、〝ぼったくり免税店〟ではどんな商売が行われているのか。内部の事情に詳しい別の人物はこう話す。

「〝ぼったくり免税店〟では、『2000円の価値しかないものを1万円で売る』というようなことが平気で行われています。この場合、商品1個の購入に対して2000円のオーバーコミッションが〝闇ガイド〟に入るしくみです。しかも〝ぼったくり免税店〟で買い物をさせるために、わざと他の店で買い物する時間を与えないツアーもあります」

さすがに中国人客もだまされたことに気づいたか、最近は声を上げるようになってきており、一部では免税店への訪問も客の同意を得るようになったと言われている。

不足する通訳案内士を〝闇ガイド〟が補う

東京の街中でも〝闇ガイド〟をよく目にすることがある。あまりにも着崩れたその胸にはあるべきはずの「通訳案内士登録証」も掲げられていない。ブレザーを着用し、首から「通訳案内士登録証」を下げ、手には正規の旅行会社が準備した「旗」を持っていた日本人通訳案内士の保田さんとは対照的な姿だ。

日本には「通訳案内士法」という法律がある。「報酬を得て、外国人に付き添い、外国語を用いて、旅行に関する業を営もうとする者」は、通訳案内士試験に合格する必要がある。「無資格通訳ガイド」が過去に日本で問題になったことがある。2005年、国土交通省が通達を出し、資格のない通訳ガイドを使用しないよう旅行業界に呼びかけた。その後、10年以上が経過したが、果たしてこの「無資格通訳ガイド」は減少したのだろうか。観光庁に問い合わせたところ、意外な事実が判明した。

２０１６年時点で、通訳案内士としての登録者は、全国で2万人超いるといわれているが、そのうち9割超が英語の通訳案内士であり、中国語の通訳案内士の数は２０１６年時点で２３８０人にすぎない。それどころか「中国語の登録者は２００５年の２２８人をピークに下落し、２０１６年の登録者数はわずか１４０人足らず」（観光庁）だというのだ。

「無資格通訳ガイド」が問題になった２００５年は、インバウンド・ツーリズムが始まったばかりで、訪日中国人客は年間65万人程度だった。しかし、２０１６年には６３７万人と、この11年間で約10倍に急増した。そのうち個人旅行者は約64％を占めるが、団体旅行者も依然として約36％を占める。つまり、２０１６年には団体旅行で約２３０万人が訪れた計算となる。

仮に、一団体を40人で計算しても約６万組が団体旅行で訪日したことになり、２３８０人の登録者だけではどう考えても足りない。しかも、正規の中国語ガイドの年間登録者数は増えるどころか減っている。つまり、不足する通訳案内士を〝闇ガイドの暗躍〟で埋めているというのが実情なのだ。

インバウンドで潤うのか？

「通訳案内士法」は中国人にも適用される。日本国内でガイドの仕事を行おうとする者は、日本での居住の有無にかかわらず、資格試験に合格し各都道府県知事の登録を受けなければならない。観光庁は「中国に対しても、国家旅游局を通して免許取得が周知徹底されているはず」と回答するが、それでも「正規の通訳ガイド」の数は増えない。

増えない理由は、そもそも仕事の受注が不定期というその性格から、これを本業にすること自体が難しいという理由がある。しかし、正規のガイドから仕事を遠ざけている原因は、大量の闇ガイドが暗躍しているためだろう。通訳案内士の柴崎文子さんは「通訳ガイドだけでは生計維持が困難なほど、仕事の受注にバラツキがある上、正規の通訳ガイドには仕事が回ってこないのです」と語る。

それだけに、日本の通訳案内士という業界において、保田さんのようなベテランの男性ガイドは少数派だ。不安定な仕事環境について、保田さんも「一般的に通訳案内士の仕事は不安定で、予定していたツアーも直前でキャンセルになることがよくあります。それでも月の仕事が15日入れば、何とか食べていけます」と打ち明ける。不安定さを抱えながらも、なぜ保田さんはこの仕事を続けているのだろうか。

「もともと貿易業と掛け持ちで通訳案内士をしていたのですが、次第に発注が増えて、ガイドが本業になってしまいました。今年で12年目になります。中国語のコミュニケーションは楽しいですよ。やっぱり、私はこの仕事が好きなんでしょうね」（保田さん）

〝闇ガイド〟が桁外れのぼろ儲けに浴する一方で、正規の有資格者の生活はひたすら熱意で食いつないでいる。このアンバランスに違和感を抱くのは筆者だけではないだろう。

2015年を振り返れば、中国人の「爆買い」で1・4兆円の旅行消費が日本にもたらされたと日本は大騒ぎだったが、しかし、「小売業界で潤ったのはごく一部だ」といわれている。それが百貨店であり、家電量販店であり、免税店だった。もちろん、こうした〝闇の商売〟も潤った。

日本政府は「インバウンドで日本経済は潤う」と期待を煽るが、大きくなったのは〝闇ガイド〟に〝ぼったくり免税店〟〝民族資本系の悪徳ランドオペレーターや飲食店〟、そんな闇市場ばかりだ。団体旅行から個人旅行にシフトする日本のインバウンド市場だが、規制の緩い日本でのぼろ儲けは、この先まだまだ続くだろう。

3　ホテル事業も不動産投資、五輪後の宿泊市場は大混乱か

中国・大連市から日本を訪れた中国人男性と、都内で会う機会があった。食事時、その男性は「弟が台東区上野のホテルを買収したんですよ」と切り出した。

そこで筆者はこの男性に「それは興味深いお話ですね。で、弟さんはどんな事業計画を持っているんですか。やはり旅行会社と契約して送客してもらうのでしょうか？」と尋ねたところ、彼はこう答えた。

「事業計画？　いやあ、そこまでの具体性などありませんよ。たまたま気に入った物件があったから購入しただけです。中国人は大抵、そんな感じですよ」

なるほど。中国人はどうやら日本での「ホテルビジネス」を軽い気持ちで捉えているようだ。

五輪目前のホテル市場に群がる

東京五輪を控えた今、日本の宿泊業は格好の投資先だ。背景にある〝中国人の海外旅行ブー

ム〟もそれを突き動かす。香港上海銀行は「2024年には、中国の年間の海外渡航者は現在の1億人から2億人を上回る」とし、香港のシンクタンクであるフォン・ビジネス・インテリジェンスは「2020年に、中国人の観光消費は4220億ドルになる」と予測するなど、海外を旅行する中国人の数と消費額が新たな市場を創設すると見込んでいる。

また、中国の経済誌『中国不動産金融』は、「2016年の1〜5月、中国の投資家による海外不動産投資額は170億米ドルとなり、中でもホテルへの投資は71億米ドルと42%を占めた」と報じ、海外不動産の中でもホテル投資が伸びていると伝える。

すでにその動きは日本にも上陸している。2015年は復星集団《フォースン・グループ》傘下の上海豫園旅游商城による星野リゾート・トマムの買収や、春秋航空によるホテルチェーンへの参入（チェーン名＝スプリング・サニー）に見るように、ここ数年、日本のホテル市場には中国の投資家たちの熱い視線が注がれているのだ。中国では「日本にホテルを持つことは、富裕層のステータスになっている」ともいわれている。ホテルのみならず、保養所や旅館の購入、民泊のための住居の購入など、宿泊施設への参入が一段と加速している。中国民泊大手の「途家《トゥージア》」も、日本市場へ参入した。

特に中国資本が目をつけているのが、保養所や旅館の購入だ。中国人に人気の観光地・富士山の山麓には、利用されなくなった保養所や古びたホテルなどが数あるが、中国人客を専門とする観光ガイドが「人里離れたこの山道に、たびたび中国人を乗せた車が行き交っています。富士山周辺は中国資本の宿が少なくありません」と語るように、この辺りは中国資本の集中が目立つ。

中国の資本だろうと日本の資本だろうと、〝空き物件〟があるならそれを取得してくれれば、不動産事業者は潤い、自治体には固定資産税が入る。企業が手放した保養所を古びたまま放置しておくよりも、買い手によってリノベーションをしてもらえれば、地元の観光産業は弾みがつくかもしれない。

もとより、富士山周辺は他の観光地に比べて日本人の観光客が少ないといわれている。その富士山が、今や中国人客にとっての「ゴールデンルート」に位置付けられたのは、〝富士山ファンの中国人客〟によるところが大きい。「改装中の物件があれば、それは大抵、中国人オーナーの物件です」とこの観光ガイドが伝えるように、もともと日本人が見向きもしなかったこの場所が盛り上がってきたのは、中国資本によるところが大きいのだろう。

しかし、彼らのビジネスにはルール違反も散見される。富士山麓では、旅館業法上の必要な手続きも経ず、「無免許営業」が行われていたケースや、環境保護上必要とされる浄化槽を設けず、汚水を垂れ流していたケースがあった。これに対して、自治体が「事故や事件でもないと実態の把握はできない」と消極的なのは、行政側が厳しくルール違反を追及して中国資本が撤退でもしたら、「再び〝廃墟〟に戻るしかない」というジレンマを抱えているためでもある。

早くも宿泊施設がだぶつく?

振り返れば2015年の春節は、ホテル不足がピークに達していた。海外からの訪日客が大挙して押し寄せる中、日本各地で「ホテルの予約が取れない」という悲鳴が上がり、内外の旅行客はもとより出張者や受験生までもが宿の確保に東奔西走させられた。都心のビジネスホテルの中には「素泊まりで1泊3万円台」を設定するところも出現した。

不足が混乱を煽った首都圏のホテル市場だったが、2年後の2017年春節期には、「ホテル市場」にも変化が見え始めた。

その変化を告げたのは、新聞の折り込みチラシだった。目を引くのはその価格設定だ。静岡県の温泉宿が1泊2食付きで1人当たり7980円、山梨県の宿なら8800円と「お得な宿」が満載なのである。富士山を望める観光地の宿で「数種類のカニの食べ放題」や「活アワビ踊り焼き」などと、食事も大盤振る舞いだ。ちなみにこのチラシが舞い込んできたのは1月半ばのことだった。

時期を同じくして、「お得な宿」がテレビCMでも目につくようになる。1泊2食付きで1万円台を割り込んだ宿は、全国でホテル買収を仕掛ける某ホテルチェーンだ。こうした「格安お宿」の広告を目にするのは、筆者にとって何年ぶりかのことだったが、春節直前の格安宣伝には不自然なものを感じた。西日本でホテル業を営む知人も「私もそのCMを見たが、なぜこの時期なのだろう」と訝《いぶか》しがり、「中国の旅行社が春節の団体客を当て込んで大量に発注したものの、いざ〝手仕舞い〟（ホテル側の受け入れ確定日）の段で、中国側からのキャンセルが相次いだのではないか」と推測した。慌てたホテル側はその穴埋めに、日本人向け市場に格安プランで売り込んだ可能性が高いというのだ。確かに「数種類のカニの食べ放題」は中国人向けの定番メニューであることからも、この推測には説得力がある。

富士山麓のホテルにも異変

東京―富士山―大阪を結ぶ「ゴールデンルート」は、春節期間中に最も訪日客が集中するが、ここでも異変が起きていた。「御殿場・富士エリア」を大手宿泊サイトで検索すると、春節期間にもかかわらず、宿泊施設は57件もヒットした。素泊まりは1人当たり1万円を割るどころか、５０００円にも満たない。

中国からの団体客にとって、富士山周辺は〝訪日旅行のメッカ〟にも等しい。当然、富士山周辺の宿はこうした団体客で春節時期は満室のはずだ。約70室の客室を持つ某ホテルの支配人は「例年、中国からの団体ツアーが入りましたが、２０１７年の春節は団体の予約はありませんでした」と語る。

過去に中国からの団体客を扱ったことのある別のホテルも「今年の春節は中国籍の個人客の予約はありますが、団体のお客様はいらっしゃいません」という。

中国からの「団体旅行」と「個人旅行」の割合が変化したことが大きな要因だろう。2015年には5対5の割合だったが、それ以降は個人旅行客が急増し、2016年時点では団体客約36％に対し、個人客が約64％という割合に変化してきている。

「多くの宿泊施設が〝目算違い〟に泣きの涙だ」（静岡県のホテル経営者）とも。中には中国人の団体需要を当て込んで内装や設備に多額の投資をした事業者もいる。投資を回収しないまま団体客が来なくなったとしたら目も当てられない。

早くもホテルの転売も

中国資本が富士山麓に投下される一方で、早くも売り抜けようとする中国資本もある。数年前に中国資本が買い取った某企業の保養所は、中国人社長による何年かの経営を経て、今や「売り物件」として買い手を探している。彼らの「投資から回収」に至るサイクルは驚くほど短い。彼らが狙っているのは「宿泊業」としての成功ではない。一部には熱心な事業者もいるが、基本的に「ホテル＝不動産投資」としてしか見ない彼らは、「これをいかにして高く売るか」ということしか眼中にないようだ。前述した「売り物件」も、購入価格に10億円近くも上乗せした「15億円」という値段がつけられている。オリンピック後の定説として、東京五輪が終了すれば市場には一服感が出るに違いないが、仮にそのとき、中国資本が軒並み撤退すれば、それこそ日本の宿は再び廃墟と化すだろう。

また、大都市圏では「民泊」の出現も無視できない。中国人客の訪日旅行は正規の旅行会社が正規のルートで送客する以上に、それぞれが個人的なルートを確立し送客する市場がある。中国人は親戚、友人、企業といった自分が属するコミュニティーを利用するだけでも十分な市場となると読んでいるのだ。中国人をはじめとする民族資本系オーナーも多い都心の民泊だが、ルール整備を待たずに拡大してきた市場にきちんと法の網をかぶせられるのか、まだまだ予断を許さない。

本節の冒頭で〝大連のホテル投資家〟を紹介したが、彼らに長期経営の視点があるのかは甚だ疑問だ。ましてや、日本の法令を遵守して地域の一員としての義務を果たす覚悟があるとは考えにくい。筆者は「中国人が食指を伸ばす市場は楽観できない」と常々考えている。それは、中国の一部の都市で住宅バブルが崩壊したように「中国資本の過度な集中は、結果的に悲劇をもたらす」からだ。中国人の盲目的な投資によって、日本の宿泊市場が崩壊しないことを願わずにはいられない。

第8章 「爆買い」の次は「爆住《ばくじゅう》」か？

1 地球規模で席巻する住宅投資、日本投資の真の意図とは

英国、住宅バブルが実需遠ざけ

中国で住宅バブルをもたらしたチャイナマネーが、世界各地に流れ込むようになった。米国、英国、カナダ、オーストラリア、スペイン、ドバイ、東南アジア……。世界金融危機で壊滅的打撃を受けた欧米の不動産市場では、チャイナマネーを「経済の救世主」として歓迎し、2008年以降、中国人の国境を超えた不動産投資は活気を帯びた。しかしその結果、先進国の不動産市場はチャイナマネーによって混乱した。

2013年、英国では1年間で住宅価格が10％以上の値上がりを見せた。住宅の平均価格は約18万ポンド（約3000万円、1ポンド＝当時約170円）となり、2008年1月以来の最

高水準となった。住宅供給量も増え、新築住宅の供給戸数は前年比16％増の約11万7000戸となり、住宅バブルの懸念が高まった。中央銀行であるイングランド銀行は「英国の住宅価格の急騰は、英国経済最大のリスク」とし、鎮静化を急いだ。

英国の大手不動産サービス会社のサヴィルズは「ロンドン中心部に建設される新築高額物件購入の多くは海外からの資金によるものであり、その資金の半分は中国大陸からの流入」と分析し、中国からの投資の伸びが著しいことを指摘した。

大手不動産ソリューション企業のCBRE（香港支社）によれば、2013年、アジア（シンガポール、中国、香港、マレーシア、台湾）からの海外不動産投資は242億ドル（約2・4兆円）であり、特に中国大陸と香港からの投資は129億ドル（約1・3兆円）にまで成長した。当時の英国では〝経済回復の一部をチャイナマネーに肩代わりさせる〟ことにより住宅市場を復活させたが、その半面、価格の高騰をもたらし、地元実需層の購入を遠ざける結果となってしまった。

カナダ、オーストラリアでは中国人の購入を規制

同様のことが世界各地で起こった。2014年、カナダではバンクーバーの地価急上昇が大きな話題となった。場所によっては過去数年で45％を超える高騰を見せたところもあり、現地

紙は「ロケットのように急上昇する住宅価格は、中国大陸からの投資移民によるもの」と報じた。バンクーバーでは、「地価上昇によって地元民が流出する」あるいは「新しい移民が入ってくることができない」などの社会問題が生まれた。

地元民によるブログからは「中国からの移民がもたらしたのは高級住宅と高級車だけ」「カナダ経済に貢献する気持ちは薄く、相変わらず大陸でのビジネスに精を出す」などの反発が見て取れる。

オーストラリアも同様だ。2014年の時点で、オーストラリアでは全土で供給された新築住宅のうち、中国人による所有が12％に達した。現地の報道機関が伝えるのは、不動産価格のつり上げをもくろむかのような、高値を厭わない購入だ。地元住民からは「購入を検討している先から中国人に持っていかれる」といった悲鳴が上がっており、中国マネーによる〝先を競った購入〟が地元実需層のマイホームの夢を妨げている。

もともとオーストラリアも、外国からの投資は経済発展に貢献するものとして歓迎してきたが、近年、州によっては外国からの不動産投資を抑制するために税金や印紙税の増額を行うようになった。

これは2000年代中盤の上海とまったく同じ構図だ。当時、上海市民もマイホームの夢をかなえるべく貯金していたが、外省（特に浙江省温州市）からの投機マネーにより、たちまちにして価格はつり上げられ、住宅購入は一般市民の手の届かないものになっていった。

このように価格をつり上げ、市場を崩壊させる〝チャイナマネーの怖さ〟は、すでに中国で実証されている。その破壊力あるチャイナマネーの流入に、世界の諸都市が警戒を強めている。

中国人の日本不動産購入の真の目的とは

日本にも中国人による不動産投資はすでに上陸している。

彼らが感じる日本の不動産市場の〝魅力〟とは、2012年以降の円安効果で出た「お買い得感たっぷりの不動産価格」にほかならない。高騰し切った中国不動産からすれば、〝激安物件・買い放題〟というのが、2016年までの日本の不動産市場だった。売主と買主の意思表示さえあれば売買は成立するという日本には、今のところ外資投資の規制はない。

「日本の不動産投資はハードルが低いことが分かり、中国人投資家たちは意欲的です。訪日ツアーを契機に日本の不動産はそれほど高くないことを知り、それがSNSで一気に広まったのです」と日中間を行き来する中国人商社マンは語る。

また、東京・港区の不動産会社は「一部のタワーマンションは中国人が値をつり上げ、日本人の手の届かないものになりました」と明かす。東京電力福島第一原子力発電所の事故により、日本の不動産投資への関心は一時的に薄れたものの、五輪開催が決定して以降、その期待感から、中国人は日本の住宅市場に熱い視線を送るようになった。

中国ほどのキャピタルゲイン（売却益）のうまみがない日本の不動産市場において、中国人投資家が狙うのは〝運用益〟だといわれてきた。中国での2～3％という運用益と比較し、「10％近い利回りを叩き出す首都圏の物件」に注目する中国人も少なくない。民泊での運用も視野に入れる中国人もいる。

だが、その中で注目すべきは、「売却益」でもなければ「運用益」でもない、「自己居住物件」としての購入だ。自分で買って自分で住む――つまり「日本での永住」という新たな目標を掲げる中国人が増えてきた点である。都心の物件には「管理組合の総会での使用言語を中国語にすべき」という声すら上がるマンションもあるようだが、まさしくこれは中国人の「自己居住物件」が増えていることの証左だ。

2　日本経済の未来は〝中国新移民〟に依存？

今や日本には年間2000万人の観光客が訪れ、24万人近い留学生が学んでいる。これに加えて「海外からの働き手」も増やそうという計画で、日本政府は外国人の受け入れに大きく舵を切り、ビザ発給に至る〝高かったハードル〟を急激に低くしている。２０１７年には、研究者や企業経営者など高い専門性を持つ外国人が最短1年で永住権を申請できる「日本版高度外国人材グリーンカード」がスタートした。

その政策的な裏付けは、２０１６年6月に発表された『日本再興戦略２０１６』だ。サブタイトルを「第4次産業革命に向けて」と銘打つこの戦略は、「イノベーション創出力の強化」を掲げており、その一環として「高度外国人材」の確保を挙げている。実現には長期間日本に在留できる制度が必要となるため、同戦略は「入国・在留管理制度の整備」を打ち出し、「高度外国人材の定着を目指す」としている。

在留資格「高度専門職」は永住権への近道

すでに「高度外国人材」については、数年前から受け入れが緩和されている。２０１２年には、出入国管理上の優遇措置として「高度人材ポイント制」が導入された。入国管理局に設置された「外国人在留総合インフォメーションセンター」に詳細を問い合わせると、「学歴、職歴、年収など、段階に応じてポイントが与えられており、合計して70ポイント以上になると『高度専門職』としての在留資格を与える審査対象となります」という。

ここでいう「高度専門職」は、高度学術研究活動（「高度専門職1号（イ）」）、高度専門・技術活動（「高度専門職1号（ロ）」）、高度経営・管理活動（「高度専門職1号（ハ）」）の三つの活動に分けられる。

同センターは「ざっくりとしたイメージですが」と前置きしつつ、「（イ）は教授などの研究職、（ロ）はITなどのエンジニア、（ハ）は企業経営者あるいはその管理職です」と解説する。例えば、日本の企業が海外の「ホワイトカラー」を貿易や営業、通訳などの戦力として雇用したいと思った場合、申請する在留資格は「技術・人文知識・国際業務」となる。あるいは、部長職や組織の長として雇用する場合、申請する在留資格は「経営・管理」となる。外国人材は、まずはこれらの資格で入国し在留するわけだが、その後、時間の経過とともに「高度専門職」への切り替えも視野に入れることができる。「高度専門職」という在留資格の最大のメリットは、ほかでもない〝日本の永住権への最短距離〟にある。

今回実施される予定のさらなる永住権の要件緩和では、これまで「高度専門職」該当者の永住権申請に要した〝5年の日本居住歴〟が、最短1年（80ポイント以上）に短縮される。前述の『日本再興戦略2016』で言及された「世界のトップレベルの人材を引き付けるため、世界最速レベルの『日本版高度外国人材グリーンカード』を導入する」に呼応する動きだ。

日本政府は、「高度外国人材」の受け入れの必要性と在留資格要件の緩和について「あくまで経済活性化」だとするが、人口減少を外国からの移民で補おうとする意図は明白だ。実際、現場では「高度人材」の需要は切迫していない。エコノミストの竹島慎吾氏は、次のように指摘する。

「日本企業が高度外国人の人材難で逼迫《ひっぱく》しているとは考えにくい。ITなど一部の業界ではこうした状況にあるようですが、メーカーなどでは差し迫った状況にはないと思われます」

中国籍に集中が見られる

入国管理局の『在留外国人統計』（2016年6月）によると、日本に住む外国人の総数は約230万人に上る。地域別では、アジアからの外国人は190万人で、全体の8割強を占めている（図3）。さらにアジアの内訳を見ると、中国籍は67万7571人と35・6％を占める。総数約230万人のうち約3割が中国人だということになる（図4）。なお、「高度外国人材」の総数は4732人であり、アジアからの出身者が8割強だが（図5）、総数に占める中国籍の割合は65％と突出している。

「高度専門職」には〝永住権への近道〟以外にもいくつかのメリットがあるが、その中に「親の帯同の許容」がある。7歳未満の子を養育するためならば、本国から親も呼び寄せることが

図3　地域別に見た日本の在留外国人数

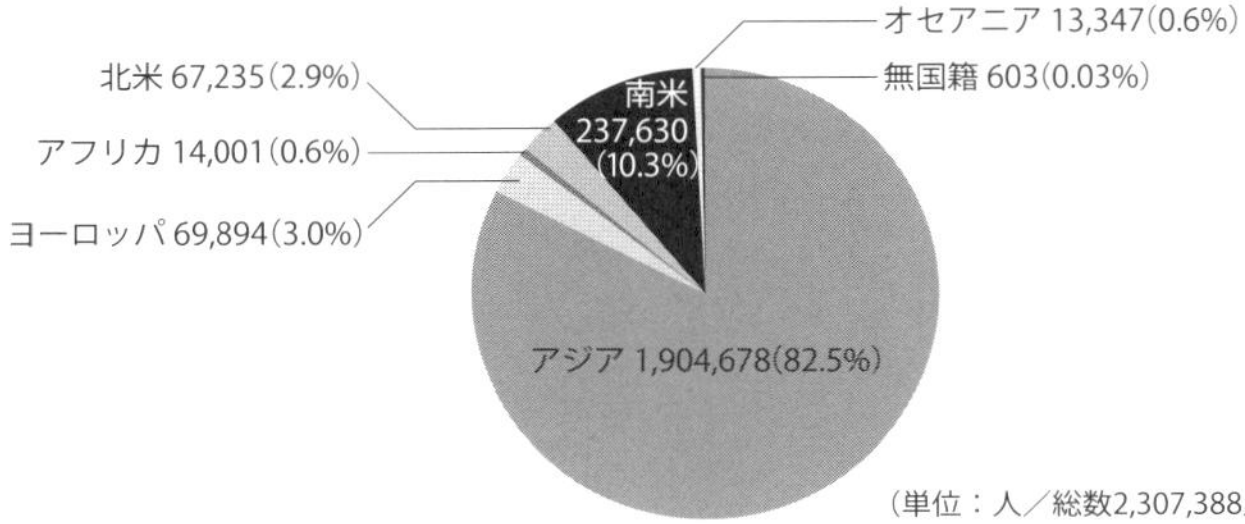

(単位：人／総数2,307,388人)

入国管理局「在留外国人統計2016年6月」より筆者作成

図4　アジア地域における日本の在留外国人トップ5

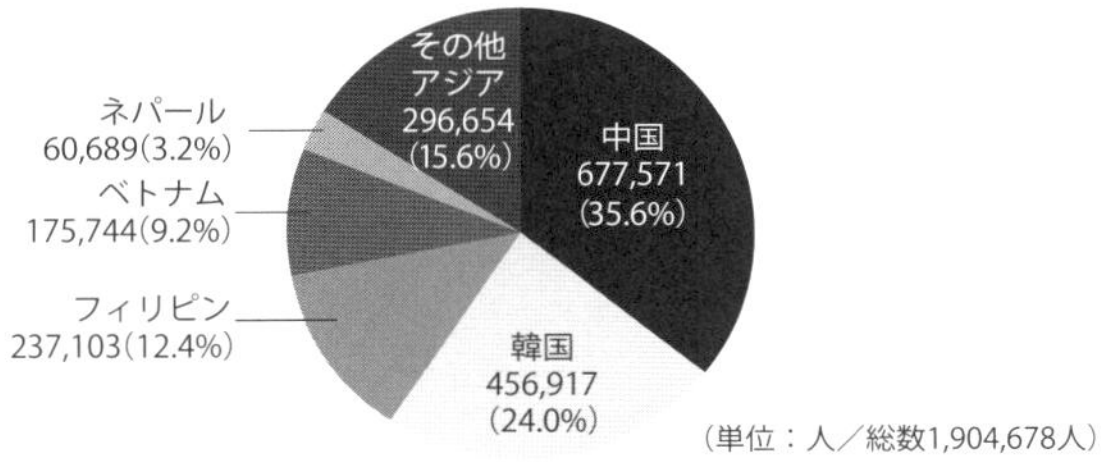

(単位：人／総数1,904,678人)

入国管理局「在留外国人統計2016年6月」より筆者作成

図5　地域別に見た「高度専門職」と「高度人材」の在留資格の合計

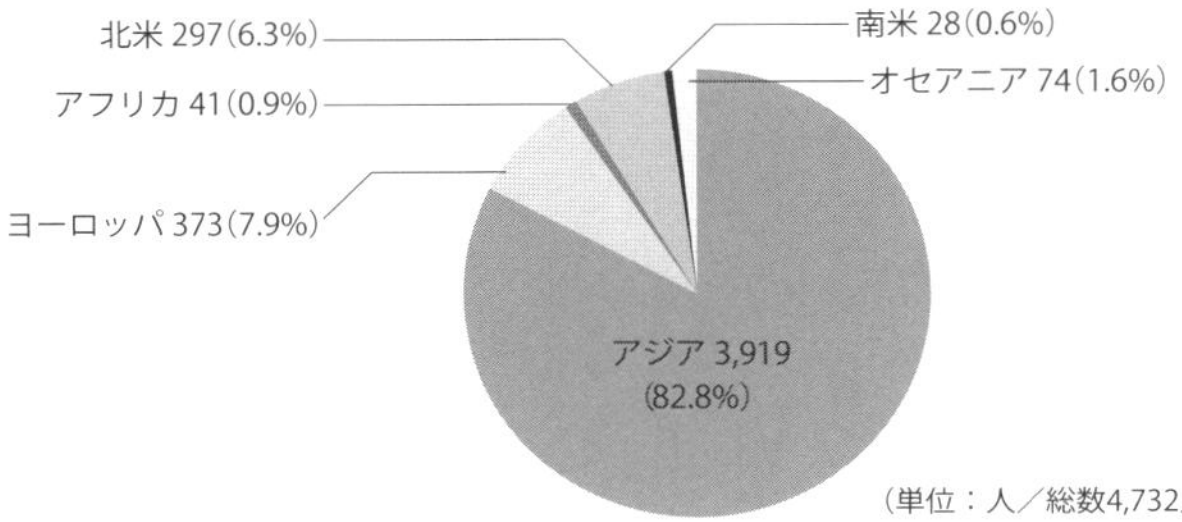

(単位：人／総数4,732人)

入国管理局「在留外国人統計2016年6月」より筆者作成

できるという制度なのである。

「親に子どもの面倒を見てもらうというのは中国人の習慣であり、欧米人にはこの習慣はないため、結果として『高度専門職』の申請を行うのは中国人が多くなっています」（外国人在留総合インフォメーションセンター）

子育てのための「親の帯同」が許容された点を考えると、「高度専門職」は主として中国人の取得を視野に入れて設計された在留資格である可能性は否定できない。中国ではここ数年〝移民ブーム〟が続いているが、上海市出身の孫俊さん（仮名）は、次のように語る。

「上海から飛行距離2時間半の東京は便利です。空気もきれいで、子育てにも向いています。私の周囲には日本での在留資格申請に関心が高い友人が多く、何とか移民する方法はないか、といった質問をたびたび受けます」

留学生も、約半数が中国籍

外国からの留学生が、日本の高度人材予備軍となることは間違いない。『日本再興戦略

2016』も「外国人留学生の日本国内での就職率を現状の3割から5割に向上させる」と打ち出している。

だが、外国人留学生にも偏りが見られる。中国人留学生が大半を占めているのだ。2016年5月時点の留学生数は23万9287人、そのうち中国人留学生は9万8483人で、全体の約41・2％を占める。卒業後も、中国人が高い就職率を維持している。

外国人留学生を主な対象に就職活動支援を行う（株）ベイングローバルの大澤藍代表取締役社長は、その偏りについて次のように指摘する。

「日本語が流暢なのは、中国人などの漢字圏の人材です。入社試験の筆記試験やエントリーシートも日本語で表記されているので、結果として日本企業に採用されやすい傾向にあります」

他方、欧米系のエリートを日本の大学に振り向かせるのは難しい。なぜなら肝心な「就職先」に大きな魅力がないからだ。世界的に有名でも、〝世界の人気企業〟とは言い難いのが今の日本企業の実態であり、「果たしてハーバードの学生が『日本の大手企業に就職したい』などという憧れを示すだろうか」と疑問を呈する国際教育の専門家もいる。

カナダは中国移民増で白人がマイノリティーに？

人口約13億人の中国では近年、国内経済の先行き懸念、大気汚染などの環境問題、山積する社会問題などを理由に、先進国への移民を切望する富裕層が急増している。中国人に最も人気がある移民先は、英語圏であるカナダとオーストラリアである。

人口2400万人のオーストラリアでは、中国大陸からの移民が44万7370人（2014年）になった。豪州の経済は中国人がもたらす投資に大きく依存し、2014年度には政府が認可した投資総額1946億豪ドルのうち、中国は最多の466億豪ドルを占め、不動産投資は前期比倍増の243億豪ドルに達した（外国投資審査委員会／Foreign Investment Review Board）。オーストラリアに24年間居住し最近帰国した久原和歌子さんは、「近年、アパートやマンションのオーナーは中国人が大変多く、中国人が多数を占める住宅街も急増しました」と語る。

カナダでも同様の事態だ。カナダの移民について調査する『ザ・カナディアン・マガジン・オブ・イミグレーション』によれば、移民の3大出身国を構成するのはインド、フィリピン、中国であり、2006年～2015年にかけてインド約32万人、フィリピン約32万人、中国約29万人がカナダに移住した。移民の集中するバンクーバー市やトロント市では「今後30年で、白人はマイノリティーになる」ともいわれている。1960年代にバンクーバーに移住し建築事務所を経営していた山本富造さんは、現地の近年の変化をこう語る。

「メトロバンクーバーは、トロント市と並んで中国からの移住者が多く、中国人向けのショッピングセンターもあります。バンクーバー市に隣接するリッチモンド市では、中国語で書かれた看板に対して市が英語表記も入れるように強く求めています。最近では『アパートの住民の管理委員会が中国語で行われたことに、英語を話す住民から不平が出た』というニュースも伝えられました」

バンクーバー市でも近年、中国人による積極的な住宅購入が価格高騰を招き、地元の実需層を遠ざけるようになっていた。この結果、ブリティシュコロンビア州政府は外国人の住宅購入に対し、15％の課税を導入するなどバブル抑制に乗り出している。

13億人という巨大な人口を持つ中国からあふれ出る人々、それらは在留資格の緩和に伴い日本にも押し寄せる時代となった。中国人が日本在留外国人の中でも圧倒的多数を占めるという傾向は、今後も続くことが予想される。「お隣さんもお向かいさんも中国人」という状況は、いつしか当たり前の日常になるだろう。

「日本経済の活性化」を理由に、なし崩し的に外国人受け入れを拡大するのは拙速だ。永住者が増えればその家族も来日する以上、医療保険や年金・介護などの社会保障の権利をどこまで認めるのか、その子弟の教育はどうするのかなど、課題は山積みだからだ。同時に、投資規制などを含め、国民生活の保護という視点から法律や制度の改正が必要になる。

「多様性のある国家」を築くことは理想だが、乗り越えるべき課題は実に多い。日本はどんな国づくりを目指すのか。私たち国民も「覚悟」を求められている。

3 始まる「爆住」、いつしか「お隣さんは中国人」に

日本の至る所で、街の人口よりもマンションの空室数や空き家が多くなる時代は目の前だ。この問題を埋めてくれるのが〝新移民〟がもたらす経済効果でもある。前節で記したように、日本政府が〝中国新移民〟たちにそんな淡い期待を寄せていることは想像に難くない。

実際、「空き家にしておくより、せめて中国人投資家に買ってもらえばいいじゃないか」という考え方は巷でよく耳にする。短期的な金回りを優先すれば、この考え方に合理性はある。だが、長期的に見た場合、これが最適な解決方法だといえるだろうか。今、首都圏では「中国人による間違った利用のされ方」に悪評が立っている。

都内のタワーマンションで顕著になっているのが、ゲストルームの私物化だ。当節、タワー

マンションといえば、入居者の親戚や友人が宿泊可能なゲストルームが備えられているが、物件によっては「中国人の区分所有者らが向こう1年分も予約を入れてしまい、他の入居者が利用できない状態」（都内の不動産仲介会社の営業担当者）にあるという。

「しかも、一時宿泊者に対して宿泊料を徴収しているようで、その中国人区分所有者は、すっかりホテル経営者気取り」（同）とあきれ顔だ。管理規約を軽んじる中国人オーナーの常識は日本人のそれと極めて乖離しており、おとなしくて文句を言わない日本人区分所有者につけ込んで、わが物顔のやりたい放題——そんな一面が浮かんでくる。

「管理費を納めないことが大きな問題になっています」と話す不動産管理会社もある。タワーマンションをまとめ買いした中国人オーナーが、管理費の支払いに応じないというのだ。タワーマンションは維持にお金が掛かる住宅であることから、1戸当たりの月額管理費が高く設定されているが、1人当たりの持ち分が複数戸にわたると、その滞納がマンション全体の管理・運営に大きく影響をもたらしてしまう。

メンテナンスも一苦労

一方で、こんなエピソードもある。

筆者の都内自宅の洗面所の配管に詰まりが生じ、専門の業者にメンテナンスをお願いしたときのことだ。業者のおじさんは約束の時間から1時間ほど遅れて駆けつけたものの、手際よく排水S字管を分解し、汚れをきれいに取り除いてくれた。そのおじさんの労をねぎらうべくお茶を差し出すと、時間に遅れた理由についてこう語り始めたのだ。

「埼玉県の××市の現場から来たんですけど、あまりに状態がひどくて、てこずっちゃいましたよ。あの現場は、頼まれてももう二度と行きたくないですね」

おじさんをてこずらせたのは〝中国人専用マンション〟だった。中国人が1棟買い上げて、そこを宿舎に改造したものだという。一つの部屋に2段ベッドがいくつも置かれている、いわゆる〝タコ部屋〟だった。おじさんはこう続けた。

「ここも配管の詰まりで声がかかったんだけど、行ってみてびっくり。台所もトイレも、汚いったらありゃしない」

キッチンの配管から、女性の長い髪の毛が束になって出てきた。トイレの詰まりは女性用ナプキンが原因だった。食用油も使い終われば排水口から流すから、塩ビのパイプは分厚い油汚れの層で詰まっていた。高圧洗浄をかけてもまったく効果ナシだった、と言う。

中国ではゴミを分別する習慣に乏しい。２０００年代から上海市でも「燃えるゴミ、燃えないゴミ」の分別を促すようになったものの、いまだ状況は変わらずであり、台所のゴミでさえ排水口に流してしまう家庭が圧倒的だ。集合住宅などでは汚水を1階部分の排水槽にため、それを業者が定期的に浚《さら》いに来るしくみになっているので、そもそも分別などはおかまいなしなのだ。

ちなみに一時、中国で「使い回し油（地溝油《ディーゴウヨウ》）」が問題になったが、その原料といえば、こうした排水槽の残飯を浚って抽出した油である。日本では台所から出た油は排水口からは流さずに古紙に吸わせたり、市販の凝固剤で固めて処理するものだが、中国ではこうした概念は一般的ではない。水が流れれば、台所だろうがどこだろうが洗髪する。使用後の処理を面倒くさがり、平気で女性用ナプキンをトイレに流す。もちろん理性ある中国人も多いが、「何でも流す中国人」は、事実として首都圏のメンテナンス業者泣かせの悪名高い存在となっている。

進む「タコ部屋」利用の不動産購入

中国人による首都圏の不動産購入は、私たちの想像以上に進んでいる。不動産業界にとっても、業績向上につながる中国人投資家はいいお客さんだ。しかも、最近は大手不動産業者のみならず、都心の〝街の不動産屋さん〟にとっても身近な商談相手になっている。

都内・城北エリアの零細不動産業者は、「近年まとめた中国人投資家との取り引きに、1棟買いがあった」と話す。中国人が、古い物件を1棟丸ごと購入し、これを中国人留学生向けの学生会館にしたという。しかし、学生会館とは名ばかりで、実際は2段ベッドを所狭しと並べて学生を詰め込む、宿舎以下の〝タコ部屋〟利用だった。都内の大手不動産仲介会社も、同じような取り引きをしたという。営業を担当した社員は次のように話す。

「日本人ではとても住めない、窓もない古い物件を、中国人投資家が数百万円で購入しました。引き渡しから数カ月後に用があって物件を訪れると、2段ベッドがたくさん置かれていて、そこに労働者と思しき中国人が大勢いて唖然としました」

都心の立派なオフィスビルや高級タワーマンションだけが、彼らの狙う投資物件ではない。買い手のつかないような中古物件でも、彼らにとっては高利回りの好物件なのである。そして問題は、「そこに住むのは日本のルールやマナーを知らない中国人」だということだ。

こうしたタコ部屋に詰め込まれる中国人には、農村部の出身者も少なくない。台所やトイレ、風呂場の使い方すら教育されていない彼らは、すぐにこれらを壊してしまう。水回りだけではない。元来「物を大切に扱う」という習慣のない人々が居住者となれば、たちどころに劣化は進む。劣化が進めば景観にも影響する。挙げ句の果てには、街全体のイメージを損ねることだってある。

ちなみに、「住戸の劣化」は中国でも当たり前に起こっている。仮に短期の賃貸であっても、こうした賃借人が退去した後は決まって全面リフォームを行う。荒れ放題の住戸はクリーニング程度では原状回復しないのだ。

文化の違いを乗り越えられるか

「空き家にしておくより、せめて中国人投資家に買ってもらえばいいじゃないか」という考え方は確かに合理的ではあるが、ベストの解ではない。不動産流通の専門家は次のように指摘する。

「中国人が区分所有者になる場合、まずは『文化の違いを乗り越えられるか』が一つの焦点となります。中国の人々の中には『自腹を切ってマンションの維持・管理を行う』という意識は薄く、大規模修繕をするか否かを迫られれば『(お金が無駄だから)やらない』と選択するケースが大変多いのです」

するとマンションはどうなるか。例えば、外壁のタイルに剝がれが生じた場合、それを修繕するか否かでは、のちの結果に大きな差が現れる。剝がれたタイルを放置すれば、コンクリートに水が染み込む。それが軀体内の鉄筋コンクリートを錆びさせることになり、劣化を急速に進行させることにつながる。実に当たり前のことだが、管理と修繕を怠れば、マンションはたちまちボロボロになってしまうのだ。

マンションの維持には、区分所有者が一丸となって行う共同管理が必要だ。ましてや経年劣化とともに資産価値を失う中、それを少しでも食い止めるには、住人全体が管理意識を高める必要がある。だが、そこに「自分のことだけしか考えない住人」が都合のいい主張ばかり繰り返せば、長期的な維持・管理に狂いが生じてしまう。隣人が〝高度人材〟だからと言って油断はできない。一人ひとりが主体性と責任感を持ち、一市民として高度な意識を保つ「自治の精神」は、共産党下の中国では養い難いからだ。

筆者は中国人が「隣人」となることに否定も肯定もしないが、それには条件があると考える。「郷に入っては郷に従え」ということわざは中国語で「入郷随俗《ルーシャンスイスー》」というが、これはもともと中国を起源とする言葉である。在外の中国人居住者たちにはこの言葉の意味を問い直してもらい、日本の生活者を尊重し、この中国古来の言葉を正しく体現してもらいたいと思っている。

第9章 生活圏に闖入してくる外国人客、あなたならどうする？

1 中国人が暗躍する「民泊市場」、生活圏の安心は維持できるか

ここは東京都中野区の一角。トランクを重そうに引きずるゴロゴロという音が、静かな住宅街に響き渡る。旅行者と思われる中国系の2人連れはしばらく立ち止まり、スマートフォンで予約した宿泊先を探しているようだ。この辺りは第1種中高層住居専用地域（以下、第1種住専）でありホテルは立地できない。彼らが探しているのは民泊だろうと思われた。

筆者の生活圏であるJR中央線の中野駅前と周辺商店街には、個人旅行者と思しき人たちが、トランクとスマホを持って常にウロウロしている。ここ1～2年で、そうした旅行者たちが増えた。筆者もアジア系の観光客に何度か道を尋ねられた経験がある。どうやら中野には相当な数の民泊があるようだ。

そこで中野区役所に「区内の民泊は何カ所あるのでしょうか?」と問い合わせてみた。すると意外な回答が返ってきた。

「中野区では、民泊を含む簡易宿所としての登録は5件しかありません」

これほど民泊目当ての外国人客がウロウロしていながら登録はわずか5件であるとは驚きである。

そもそも民泊を営むには、旅館業法の「簡易宿所」としての条件を満たすことが必要とされ、ハードルが高い。2017年6月、「住宅宿泊事業法(民泊新法)」が成立し、住居専用地域でも民泊経営が可能になったが、問い合わせた2017年3月時点では新法は施行されておらず、第1種住専では民泊はできないことになっている。簡単ではない民泊経営のはずだが、いったい誰がホストになっているのだろうか。

担当職員はこう続けた。「中野区で未登録の民泊を運営しているのは、大半が日本人ではない可能性があります」。つまり、中野区では、外国人が〝モグリ〟で経営している〝ブラック民泊〟が多いというわけだ。

過熱する中国人の民泊投資

中国では今、日本の民泊が高収益を生む投資として注目されている。東京五輪を前に日本は宿泊施設が不足しており、これを補うため日本政府が民泊経営の環境整備に乗り出す――、中国ではそんなニュースも報じられているためだ。

不動産投資に目がない中国人にとって、「日本の民泊」は極めて新鮮な投資先だ。実際、「日本での不動産投資は、賃貸運用ではなく民泊経営だ」と言い切る中国人もいる。筆者の中国の知人も、自宅を民泊にしたり、民泊用に新たに物件を仕入れたり、あるいはリノベーションをしたりと、すでに何人かが民泊経営に動き出している。

中国で立ち上がった民泊サイト『自在客』には、すでに1万2000件を超える日本の民泊の登録（2017年5月時点）があるが、「そのうちほとんどが中国人経営」だと、中国の『参考消息網』は伝える。確かに部屋の画像を見ると、インテリアのセンスも〝大陸好み〟だ。

都心の民泊市場の開拓は中国人が先導している可能性がある。ある不動産業界団体も「都内のタワーマンションの中には、中国人オーナーによって民泊として使われている物件もあり問題になっている」と明かす。中国人による闇の民泊経営は活発化しているようだ。民泊物件を提供するのも利用するのも中国人という形で、いつの間にか水面下で大きな市場が出来上がりつつある。

掃除の仕方も中国流

中国人による中国人向けのサービスでは、物件の管理も中国流となる。それを象徴する出来事があった。李霞さん（仮名）は東京在住の中国人女性だ。ある日、友人からこんなアルバイトを紹介された。

「ハウスクリーニングなんだけど、2時間で2000円もらえるの。悪くないと思わない？」

李さんが面接に行ってみると、クリーニングの対象物件とは、いわゆる民泊のことだった。「中国人のオーナーが民泊物件を複数所有していて、ハウスクリーニングの一切を業者に任せていました。その業者も中国系でした」と語る李さんは、面接後すぐにハウスクリーニングの実働部隊に組み込まれた。早速、リーダー格の中国人男性に民泊物件に連れて行かれ、仕事の手順を教え込まれたという。

「俺がやるようにやってくれればいいから」と言って、この男性は床に落ちている使用済みのバスタオルを拾い上げ、ユニットバスの水滴を拭き始めた。洗剤は使わないでただ拭くだけだった。

次に、同じバスタオルを使って便器の外側を拭き始めた。さらに何食わぬ顔で便器の内側も拭き始めた。しかも、フローリングまでも同じタオルで拭いているのには、李さんもさすがに驚いた。

男性は「はい、これでおしまい」と言い、iPadで現場の写真を撮影し、バスタオルをそのまま物干し竿に掛けて、李さんを引き連れて現場を去った。

「あのバスタオルを、客が使うのか？」と思うと、李さんは「さすがに良心がとがめた」という。その直後、李さんはそのアルバイトを断った。

他方、こうした掃除のやり方は中国では決して特殊ではない。上海でも高級ホテル以外は、一つのタオルで床とコップを同時に拭くなどよくあることで、中国人なら誰でもそのことは知っている。

とはいえ、ここは日本であり、こんな「中国式」が民泊でまかり通っているとは、中国人訪日客も夢にも思わないだろう。

都心では日本人の知らないところで「中国人による中国人のための民泊」という市場が形成されつつある。しかも、私たちの生活圏の中で、だ。宿泊者がゴミ出しルールを守らない、ドンチャン騒ぎをするなどの報道もたびたび見られるが、その生活圏には高齢者もいれば、乳幼児もいる。オーナー不在の民泊もあるようだが、トラブルに直面してもこれではなす術がない。

民泊にテロリストが潜伏する可能性はないのか、感染症は水際で食い止められるのか、反社会的勢力にはどう対処するのか――といった問題だってある。空き家の有効利用を建前とする民泊は、すなわち「生活圏への受け入れ」を意味する。だからこそ、まずは周辺居住者の安心・安全は最優先で担保されるべきであり、民泊をブラックボックスにするようなことがあってはならない。「民泊新法」による市場の健全化が待たれている。

2 高まる体験型「美《ビ》ンバウンド」、時にはノーという意思表示も

インバウンドとは無縁の店に外国人客

都心部の地元密着型の店舗でも、お客の顔ぶれが多国籍化している。都内の美容院も今やお客は日本人だけではない。「うちに来るお客さんは、欧米人からアジア人まで多種多様です」と語るのは、都内のJR総武線沿線で美容院を営む石田史郎さん（仮名・60歳）だ。

今どきはやりのインバウンド・ビジネスを戦略に描いたわけではない。外国人との交流が大好き、というわけでもない。それでもここ1年余り、外国人はどこで聞きつけたのか、この店に集まるようになった。「英語も中国語もからっきしダメ」という石田さんにとって、外国人客にサービスを提供しようとは予想外の展開だった。

その日も突然、2人のアジア人の女性客が訪れた。トランクを引きながら旅装も解かないその姿は、明らかに「たった今、日本に到着したばかり」のいでたちだ。しかも日本語ができない。「カット、カット」と意思表示はするが、それ以上の会話は成立しない。石田さんも「うちは予約が必要なんです」と身振り手振りで伝えようとするが、相手に通じる気配はない。

インバウンド業界では昨今、「モノ消費からコト消費へ」というキーワードが流行している。「買い物」を卒業して、今度は「体験」だというのである。

「体験」といえば、地方の観光地での着物体験や陶芸体験、忍者体験や座禅体験などが思い起こされるが、都心部ではネイルケア、ヘアスタイリング、メークアップ、エステサロンといった「美容体験」に人気が集まっている。日本人店員の持つ高い技術がSNSによって外国人客に拡散し、「美ンバウンド」は2016年のトレンドワードとして注目された。

好むと好まざるとにかかわらず、石田さんの店に外国人客はドアを開けて入ってくるようになった。中にはこの2人のアジア人の女性客のように、日本語も英語も話さないお客もいる。「儲かるんだからいいじゃないの」などと前向きな声もあるが、これがスタイリングともなれば、事は簡単ではない。専門マガジンなどを使って客のイメージをつかもうとするが、客のイメージとスタイリストのイメージは食い違う。微妙なニュアンスを伝えるとなると、やはりそこにはコミュニケーションの限界があった。

扱いに苦慮する〝わがままなお客さん〟

「外国人に人気というのは悪い気はしませんが、扱いにくいお客さんもいるんです」と、石田さんは打ち明ける。今、最も頭を痛めているのが中国人客だという。

鏡の前に座りながらも、イヤホンをして始終スマホでしゃべりっぱなしの客もいれば、頭にパーマのロットをつけ、体にはクロスを巻いたまま、外のコンビニに買い物に行く客もいる。筆者が利用する別の店では、「おもむろに食事をし始める客、何人かの集団で押し寄せてわが物顔に振る舞う客もいる」(店長)という。

こうした情景はすぐに想像がつく。何しろ、筆者が生活をしていた上海では、そんなことは日常茶飯事だったからだ。パーマの最中に、隣の食堂から出前を頼み麺をすすり始める客もいた。3～4人の集団で来店し、鏡の前に陣取り大声でぺちゃくちゃしゃべりながらシャンプーしてもらう客もいた。シャンプーを座りながら行う中国では、友達同士誘い合って「髪を洗いに行く」という独特の文化が形成されているのだ。

しかし、あちらでの「独特の文化」が徐々に私たちの静かな日常にせり出してくるというのは、正直、割り切れないものがある。それが「よい習慣」であれば私たちも順応する努力をするだろうが、残念ながら、周りの客にも影響を及ぼす「悪しき習慣」が目立つ。

この美容業界で長年キャリアを積む石田さんには多くの業界仲間がいるが、誰もが「中国人のお客さんには困ったものだ」と手をこまねいている状況だという。

写真のモデルと同じように仕上がると強く思い込んでいるため、少しでも想定と違うと猛烈にクレームをつける。翌日、自分でシャンプーして形が変わると「これはどうしたことか」と駆け込んでくる。店内で中国語を使って騒ぎ始め、最後は「金を返せ」と迫ってくる——こうしたトラブルは枚挙にいとまがない。

店側は努力の限りを尽くしても相手が納得しなければ、話は〝返金〟〝賠償問題〟に発展し、対応に窮する店側は「あとは警察を呼ぶしかない」と身構える。

「私の仲間たちは中国人客について〝お金にも技術にも細かいお客さん〟と受け止めています。中国のお客さんは注文があまりにも多いので時間がかかってしまい、ほかのお客さんに迷惑をかけてしまうこともあります」（石田さん）

もちろん、日本人にも「難しい客」はいるが、お互いに粘り強く妥協点を模索することができるのは、言葉が通じるからでもあるだろう。この「微妙なニュアンス」を前提にする美容業界で、〝言葉の通じない、わがままなお客さん〟は扱いが難しい。

なった。

はっきり断る意思表示も

こうした経験を経て、石田さんは外国人客に対してはっきりとした意思表示をするようになった。

美容業界でも中国人客のドタキャンが存在する。通知なくキャンセルしてもなお、何食わぬ顔で来店する客には「もうやりません」と断った。何日も洗っていないフケだらけの頭、そんな客に対しては「別料金でもシャンプーはしてほしい」と勧めた。「しらみを取ってほしい」という要望に対しては「病院に行ってください」と伝えた。これらは回り回ってほかのお客にも影響を及ぼすからだ。水際で食い止めなければ、経営全体が揺らいでしまう。

国際ビジネスに詳しい専門家は「いっそのこと会員制にしてしまえば」などと言うが、これも簡単なことではない。対処法としてはせいぜい「規約を明文化し多言語に翻訳しそれを提示する」（同）というのが現実的だろう。

いずれにせよ、経営を守るためには「ノー」という意思表示を欠かすことはできない。「ノー」と言われてショックを受けるのは日本人ぐらいだ。中国でも東南アジアでも「客の問題行動」に店側がすぐさま「ノー」を突きつけるのは当たり前の光景だ。

おとなしい日本人は外国人客にやられっぱなし、というのはよく聞く話だ。日本社会の国際化への対応は、はっきりとした「意思表示」が第一歩になるだろう。

3　中国人客でも気質が違う、外国人アレルギーもいずれ克服？

前節では美容院を経営する石田さんについて紹介したが、都心部では、外国人がいつの間にか店の客になるというのは今や普通のことになりつつある。ましてや、これから日本政府は年間4000万人の外国人客を呼び込む意向であり、否が応でも消費者の外国人比率は高まる。中には石田さんのように「英語も中国語もダメ」という人もいるだろう。あるいは、うちは日本人相手で十分、というところもあるはずだ。筆者はこうした選択があってもいいと思っている。

余談になるが、筆者は「観光ではなく湯治に力を入れる温泉はあるのか」について調べたことがある。結論からするといくつか名前が出てきたのだが、国民保養温泉地第1号の一つに指定された群馬県・四万温泉ですら、もはや本格的な湯治場とはいえなくなっていた。しかし、長期的な視点で見れば、「ツーリストが来ない秘湯」に価値が生まれることだってある。要はインバウンドだけが生き残りの選択肢ではない、ということだ。インバウンドに無理矢理しがみつかなくてもいいし、世代の違いやその人の持つ経験による差もあるだろうから、ストレスをため込んでまでやる必要はない。やってみてダメだったという結論に至れば、またそこから別の市場に向けて出直せばいい。その選択はもっと自由であっていいはずなのだ。だが、ここから先が大事なポイントだ。

「インバウンド事業に背を向ける選択があってもいいだろうが、そこを訪れた外国人客に背を向けてはいけない」

このコメントは、某政府機関の職員の言葉だ。お名前を紹介できないのが残念だが、こうした理念は日本人全体が持つべきだろうと思う。この人物が強調するのは、ビジネスとしてインバウンドに乗り出さない選択はいいとしても、日本に関心を向け、あるいは日本語まで勉強してくれるような親日観光客を粗末にしてはならない、というメッセージである。

外国人アレルギー克服のきっかけ

前節で登場した石田さんだが、「できれば外国人客は扱いたくないのが本心」だという。これは石田さんに限ったことではなく、多くの中小の事業者の本音ではないだろうか。「カットならたった30分、この短い時間を我慢すればお金が入るんだからいいじゃないか」と割り切る考えもあるが、これまでの経験から、石田さんはどうしても守りに入らざるを得ない。すっかり〝外国人客アレルギー〟になってしまったのだ。だが、ある日こんなことがあった。

「ドタキャンした台湾人のお客さんが、後日ケーキを持ってお詫びに来てくれたんです」

礼儀をわきまえるアジア人客も少なくなく、言葉は通じないながらも「気持ちが通じ合うお客さんもいる」と、石田さんは表情を和らげる。

ちなみに、突然店に現れた2人のアジア人の女性客は、翌日11時の予約を入れてその場を立ち去ったが、翌朝はだいぶ早めに来店したという。「遅刻をしないようにという気遣いが見えました」(石井さん)。外国人客のすべてがトラブルメーカーであるとは限らない。石田さんは日々の経験の中で、互いの歩み寄りが距離を縮めていることを感じ取っている。

中国人は一様ではない

外国人客はすべてがトラブルメーカーではない——。このロジックでいえば、アジア客も一括りにはできない、ということになる。

例えば、台湾人と中国人はまったく異なる。しかし、香港人も台湾人も含めて、一部の日本人は彼らを「中国大陸からの中国人客だ」と思い込んでいるフシがある。

中国政府は、香港や台湾を「外国」ではなく、「境外《ジンワイ》」（境界外）と表記する。香港、マカオや台湾では資本主義制度が導入されているが、「一国二制度」を統一方針とする中国からすれば、同じ中国国内なのである。その一方で、人は違う。共産主義でない香港人・台湾人の思考や価値観は、日本人や欧米人にも近いところがある。ビジネスマナーもわきまえていることから、パートナーに選ぶ日本企業も多い。

これに準じれば、一言で「中国人客」といっても、中身は一様ではないということになる。本書で筆者は〝中国人〟というキーワードを繰り返し使ってきた。この場合の中国人というのは、「中国籍を持つ旅行者の一団」という相対的な存在である。大勢でひとかたまりになって移動する様子は、それだけでもインパクトがあり、時には日本社会に衝撃を与えるような現象を生む。

その「ひとかたまりの集団」に対して抱く感情は、必ずしもいいものばかりであるとは限らない。あるいは、集団行動ではなかったとしても、札束にものを言わせた買い占めなどのように、一人の行動が想像以上の影響をもたらすことがある。そんなとき、誰もが嫌悪感を抱く。〝中国人〟のマナー違反、ルール違反には今や世界が敏感に反応するようになった。

とはいえ、一言で中国人といってもそこには多様な階層やグループが存在する。沿海都市部と内陸農村部、エリートと非エリート、富裕層と貧困層など、そのギャップの大きさは私たち日本人には想像もつかない。

トイレの使い方が分からない中国人もいる一方で、欧米流のマナーをわきまえた中国人もいる。大群となって押し寄せるマナーを知らない団体旅行の中国人には辟易させられるが、日本人以上に洗練された旅の楽しみ方を知っているスマートな中国人もいる。

中国は13億人を超える人口を有する国家であり、そもそもこれだけの人口を一括りにして〝中国人〟と称するのは無理がある。いずれにせよ、中国人は一様ではなく、セグメントされたグループによって構成されていることは知っておきたい。台湾人との間で「通じ合う」ことを体験した石田さんだが、いつかは中国人客とも通じ合えるはずだと願いたい。

PART 2

されどインバウンド

「経済効果」一点張りを脱却した〝あるべきインバウンド〟

〝インバウンド〟という言葉が定着したのは近年のことだが、今から約20年前の1998年に第2次橋本龍太郎改造内閣が閣議決定した『21世紀の国土のグランドデザイン』に、その政策の根拠を見いだすことができる。観光関連の施策の中で、外国人観光客の増加に向けた施策展開と地方への外国人観光客の誘致促進を打ち出した。

この『21世紀の国土のグランドデザイン』は「五全総（第5次全国総合開発計画）」とも呼ばれ、1962年に始まった第1次全国総合開発計画（1962年策定）以降、「一極集中是正」と「地域格差是正」を目標に、五全総策定までの36年にわたり継続して取り組まれてきた地域政策である。

だが、一つ前の第4次全国総合開発計画（1987年策定）が「開発バブル」をもたらしてしまったことは、私たちの記憶にも新しい。日本全国に保養地やリゾート施設を作ったまではよかったが、バブル崩壊後には廃墟や更地が続出した。「四全総は国土計画としては失敗だった」というのが一般的な認識だ。それどころか、第1次全総以降、地域格差は依然解消せず、掲げた基本目標には到達していないとする厳しい評価もある。「官主導型の地域政策」に警鐘を鳴らす研究者も少なくない。

「官主導型の地域政策」は、一つ間違えれば失敗に終わるというのが歴史の教訓だとすると、民間はこれに対して冷静にならなければならない。官が「訪日旅行客を2020年までに4000万人」という目標を掲げる今、民は冷静になって「あるべきインバウンド」を思考し、実行しなければならないときに来ているのだと思う。

インバウンドとは、日本の事業者を短兵急に儲けさせるための施策ではない。ましてや「2030年には15兆円の観光消費」といった予測の経済効果だけを追い求める施策でもない。言ってみれば、日本が戦後からずっと解決できなかった地域格差を解消するための、私たちに残された取り組みの一つなのである。そのためには、地方の中小の事業者が〝インバウンドの機運〟を自分の事業に取り込む必要がある。その結果、「より生き生きとして活躍している自分」が見いだせたのなら、これはインバウンドとしての成功事例となるに違いない。

「PART2」では「あるべきインバウンド」について思考した。現地の事業者や行政を訪れ、対話を行った。そこから見えてきた「あるべきインバウンド」を一言で括るなら、それは「息の長い取り組み」だということである。

CASE1では地方都市・飛騨高山の事業者のホスピタリティーあふれる取り組みを、またCASE2では山深い飛騨市神岡町に外国人客が訪れるまでの苦節15年を紹介する。続いて、CASE3では商品開発をきっかけにインバウンド市場を切り開いた鹿児島の小さな焼酎酒蔵に注目した。CASE4ではインバウンドの黎明期にある岡山市・表町商店街が踏み出した第一歩を紹介する。

またCASE5では、自治体の取り組みとして、観光資源の乏しい鹿児島県大崎町による地味ながらも着実なステップを取り上げる。CASE6では愛媛県内子町の数を追わない「限定したマーケティング」をクローズアップし、またCASE7では映像のロケ地となった舞台を訪問する外国人客と経済効果について考察する。

CASE8ではインバウンドの先頭を走る飛騨高山が向かう先を考え、最後のCASE9では台湾人事業者が語る「あるべきインバウンド」についてお伝えする。

ここでは「こうすればこうなる」というような〝ハウツー〟を掲げるつもりはない。本書の読者に伝えたいのは、〝地方の主人公〟たちのインバウンドに向き合おうとする真摯な姿である。

CASE 1

インバウンドで一頭地を抜く岐阜県高山市、事業者たちに共通する〝商売っ気なし〟

岐阜県高山市のインバウンドの取り組みは長い。2016年度第2回「ジャパン・ツーリズム・アワード」で大賞を受賞したのは、官民で組織する「飛騨高山国際誘客協議会」だった。なぜ、高山市がインバウンドの取り組みで高い評価を受けるのか。一つは行政による年月をかけた海外への宣伝活動がある。もう一つは、民間の事業者たちの長期にわたる地道な積み上げだ。高山名物の朝市、その出店商のおじいさん、おばあさんたちは「カタコトの英語」で商売をする。はるか以前、町の人は外国人に道を聞かれるだけでも震え上がっていたというが、今はまったく違う。高山の町にみなぎるのは、「外国人観光客を歓迎しよう」という全体感である。

JR高山本線の高山駅から徒歩数分の地に「惣助《そうすけ》」という民宿がある。1972年、まだ日本人が〝日本の魅力〟に目覚めていないその時代に、創業者・小邑貢氏が同県上宝村から築約

「ふれあい」を大切にする玉井さんご夫妻

１３５年の古民家を移築して開業した宿だ。宿は小邑貢氏の祖父の名をとって「惣助」と名づけた。今では貢氏の娘である玉井恵子さん（52歳）が女将として切り盛りする。その民宿「惣助」は、今やお客の８割が外国人客だという。恵子さんは「高山市が市を挙げてインバウンドに取り組む以前から、うちには外国人のお客さんが来ていました」と話す。

民宿スタイルになじまない客も

高山市は１９８６年に、当時の運輸省から「国際観光モデル地区」に指定されたことをきっかけに、インバウンドの取り組みを始めた。今に見るインバウンド熱が全国的に高まるのは、小泉首相が観光立国を宣言した２００３年以降、それも近年になってのことだから、高山市は他の自治体に先んじること一日の長がある、ということになる。

その間、高山市は各国で地道なプロモーション活動を行ってきた。〝ジャパン〟といえば東京や大阪、奈良や京都でしかない海外のマーケットに〝ＴＡＫＡＹＡＭＡ〟という地名を少しずつ浸透させてきたのである。例えば、フランスの有名百貨店に貼られた高山の観光ポスターのキャッチコピーは「日本のふるさと　リアルジャパン」。欧米客に響いたのは、間違いなくこの高山にある日本の原風景だった。

「惣助」にはそんな「飾らない高山」「素朴な高山の人々」とのふれあいを求めてやって来る外国人客が多い。格子戸を開ければ大きな古時計が掛かり、座敷の囲炉裏には自在鉤がぶら下がる。全室13室、トイレは共用、布団を敷いて寝るだけの小さな宿だが、筆者が滞在した2泊は15人の外国人客がここで寝泊まりをしていた。

民宿は、畳敷きの和室仕様という和風建築が一般的だ。中にはこの「惣助」のように古民家をうたうところもある。トイレ・風呂が共用である点も民宿の一つの特徴なのだが、プライベート空間を重視するあまり、日本人客は近年、民宿に背を向けるようになってしまった。だが、この民宿をおもしろがるのが外国人客である。「料金の安さ」と「畳に布団」というスタイルが受けて、この〝民の宿〟の利用が外国人の間で広まっているのだ。

とはいえ、〝民宿スタイル〟は簡単に受け入れられなかった一面も存在する。「靴を脱がなければならないことを知って、そのまま帰ってしまったお客さんもいれば、床がギシギシと軋む音になじめないと嫌がるお客さんもいました」（同）と言うのだ。

〝英語が通じる宿〟が分かれ目に

泊める方も泊まる方も、過去には互いの手さぐり状態が続いていたが、昭和から平成に入る頃には、すでに「惣助」では外国人客数が日本人客数を上回るようになっていた。高山市が全市を挙げてインバウンドに取り組むようになって30年、「惣助」の外国人客受け入れはそれよりもさらに早いことを意味する。

「惣助」の成功のカギを一言で語るなら「英語が通じる宿」だということだ。女将の、英語への関心が高かったことが幸いしたのだ。恵子さんは子どもの頃から隣接の自宅で生活しており、「当時から宿に訪れた外国人とカタコトの会話を楽しむようになっていた」と振り返る。

その一方で、高山の民宿は依然、「英語対応」が課題であり続けている。実は筆者もここを予約する前にほかの民宿も調べてみたのだが、英語のウェブサイトを開設する民宿は少なく、むしろ外国人客受け入れに消極的な宿が目についた。

高山は古い街並みが有名で、そこを散策しているのは圧倒的に外国人客が多く、もはや東京・六本木をも上回る感じだ。来訪者の顔ぶれが変わる中で、宿の予約も英語のメールで入るだが、民宿の主たちは高齢化が進み英語の返信もままならない。「外国人客を入れたいが、専門の人材を雇えば人件費がかさむため、やりたくてもなかなかできない」(他の宿泊事業者)のが実情だ。そのため、インバウンドという一大商機を目の前に廃業した宿も少なくない。

外国人客を早い段階から迎え入れることができた「惣助」のカギの一つは英語だったが、もう一つ特筆すべき点がある。それは「決して機械的にならないサービス」だ。ところによっては、マニュアル通りの受け答えしかしない宿も少なくない。ましてや同じ業務を長期にわたって繰り返せば、客への対応も機械的にならざるを得ない。ところがここは違った。宿泊者に対し、あたかも長年の友人のように接してくれるのだ。客の来訪は一度きりかもしれないが友人はそうではない。

「また来たくなる宿」、その本質を語るのに洋の東西を問わないとすれば、オーナー夫妻に見る「飛騨特有の面倒見のよさ」にあるのではないだろうか。「苦労も多いのでは?」という筆者の質問にも、「毎日、ふれあいを楽しんでいます」と女将。そんな心のゆとりが外国人客を惹《ひ》きつけているのだといえる。

高山で「和食づくり体験」に集まる外国人客たち

世界的な和食ブームの中で、「自分で和食を作ってみたい」という外国人が増えている。2016年5月にオープンした「グリーンクッキングスタジオ」は、こうした外国人客の「やってみたい!」をかなえる料理教室だ。

主宰するのは、岐阜県山県市出身の守山緑さん(44歳)だ。開業から1年で延べ100人超

グリーンクッキングスタジオの守山さん

が訪れた。最多のオーストラリアを筆頭に、アメリカ、フランス、ドイツ、イギリス、イスラエル、シンガポール、香港と多彩な顔ぶれが集まる。

コースは1日2回。午前中のコース（受講料6000円）は、朝市で参加者自らが買ったものをメニューに加えるというものだ。春先は山菜が出回る時期でもあるので、それを天ぷらなどに調理する。酒蔵ツアーを組み込んでいる午後のコース（受講料6500円）は、実際に酒蔵に連れて行って地酒の解説をし、戻ってきたその足で料理に取り掛かる。

「自分で作った食事がその日のディナーになるんです。代表的なメニューは海苔巻き、シイタケの肉詰め、エゴマの和え物など。ここでは出汁の取り方と合わせ酢から作る酢飯を学んでいただきます。飛騨はシイタケの産地なので、地元のものを積極的に紹介したいですね」と守山さんは語る。世界的な和食ブームの中で、最も人気なのが「寿司作り」。守山さんはこうしたニーズもメニューに織り込んでいる。

中には〝高級家政婦〟という職に就く香港人女性も学びに来る。地元の大金持ちに雇われているのか、向上心が高い。旅行を楽しみながら和食の幅を広げたいと〝趣味と実益〟を兼ねてここを訪れるようだ。

「この方は2回いらっしゃいました。その後も交流は続いていて、先日も『こんなものに挑戦した』と、玉子の握り寿司の画像を送ってくれました」

伝えたいのは家庭の味

守山さんがスタジオを始めて1年以上がたつ。外国人の生徒とは楽しいやりとりもあるが、ときどき驚かされることもある。欧米人は決して真似をしない、というのは守山さんにとって新鮮な発見だった。

「シイタケの天ぷらを作るときに、表面に十字の飾り切りをしてデモとして見せたんですが、外国の方は絶対真似をしない。〝3本ライン〟を入れるとか、自分のオリジナリティーにこだわるんですね」

参加者はここでの体験と感動を、「トリップアドバイザー」(世界最大の旅行サイト)に長々と書き込む。高額な費用を投じての広告宣伝は行わずとも、「グリーンクッキングスタジオ」の評判は口コミやＳＮＳ投稿で広がる。

守山さんのスタジオを見回すと、ザルやセイロ、木べらなど昔ながらの木や竹でできた台所用品が多いことに気づく。

「いわゆる〝おばあちゃん的な道具〟が好きなんです。子どもの頃、祖母や母について台所を手伝った、あのときの記憶と安心感を大事にしています」と守山さんは語る。

ここはいわゆる「料理教室」なのだが、守山さんは〝プロの料理家〟ではない。学校に通ったわけでもお免状をもらったわけでもない。「おばあちゃんに習った家庭料理を教えているだけ」だと守山さんは言う。

「外国の人に知ってもらいたいのは、普通の日本の家庭の味。日本の家庭のお母さんに料理を教わっているような、そんな〝家族的なスタジオ〟を目指しています」（同）

地域の日本人女性たちの才能を開花させる舞台に

一方、醸造技術を持つ守山さんには「技術アドバイザー」という顔がある。企業と一緒になって発酵原料の開発を行うのが主な仕事だが、そんな彼女のもとにさまざまな相談が寄せられる。例えば「捨てるニンジンがいっぱいあるけど、特産品を発酵させてつくるにはどうしたらいいか」——というのもその一つ。こうした相談に守山さんは「発酵」というキーワードで商品開発に挑んできた。

その守山さんが、外国人向けの料理教室という次なるチャレンジに出た理由は至ってシンプルだ。「自分で楽しんで相手も楽しませることができる、そんなスペースがあったら理想」だと言うのだ。また、もともと妹さんが中国語を話せたことから、「一緒にやろう」と話が弾み開業を目指したとも。ところが妹さんは都会暮らしから離れることができず、途中で引き揚げてしまう。

「スタジオとなる物件はすでに購入していて、後に引くことはできない。本業の傍ら、一人でやることにしたんです」（同）

中国語どころか英語も苦手という守山さんに、壁が立ちはだかる。そこで注目したのが高山市内にいる通訳案内士の女性たちだ。

「高山市はもともと教育水準も高く、海外留学している女性が多い。行政も通訳案内士の養成に力を入れています。けれども、海外留学から帰っても家に入ってしまい、経験がほとんど生かされていません。ならば、自分の通訳をお願いすべく横に立ってもらおうと思いついたのです」

さらに守山さんの目は、地域の〝眠れる才能を持つ女性たち〟に注がれる。

「お茶も、お花も、着付けも全部できます、という方々がこの高山にはたくさんいらっしゃいます。クッキングに限らず、地元の女性たちの才能と、これに対する外国人客のニーズを結び付けられるようなスタジオにしたいですね」

この事業を始めるとき、守山さんは融資先の銀行から「ツーリズムでは儲からない」とはっきりと言われた。それでも守山さんは意に介さない。

「もともと私には〝売り上げ目標、○年で○倍〟というような構想はありませんでした。これから先も同じ。地域のみなさんと外国人の方々を結び付けるスタジオが実現すれば、それでうれしい」

道は始まったばかりだ。「私自身も一人の主婦」――と語る守山さんのスタジオからどんな物語が生まれるのか、楽しみに見守りたい。

普通の中華料理なのに「トリップアドバイザー」1位の理由

世界最大の旅行サイト「トリップアドバイザー」が選ぶ「外国人に人気の日本のレストラン」、その2016年度の選考で見事1位の栄冠を手にしたのは、中華料理店「平安楽」だった。

飛騨高山といえば飛騨牛で有名だが、同店はごく普通の、いわゆるラーメンやチャーハンをメインとする中華料理店だから驚きだ。なぜ、外国人客はあえてこの店を選ぶのだろうか。

高山駅からほど近い国分寺通りに面した「平安楽」。その日も2組の外国人客が食事を楽しんでいた。1組はイスラエルから来たというカップルだ。

実は、飛騨高山を訪れる外国人の中でも、中東やイスラエルからの訪問客は少なくなく、2016年は1万人を超えるイスラエル人客が高山を訪れたという。ユダヤ暦の正月に当たる10月に町中がイスラエル人でいっぱいになったのは、高山が「東洋のシンドラー」とも呼ばれる外交官・杉原千畝の生誕の地（岐阜県加茂郡八百津町）に近いためだ。

古田さんご夫妻の店には
外国人リピーターも多い

「2016年10月にも一度来たんです」と言って、懐かしそうに腰を下ろしたそのカップルは、女将との再会を楽しみにしていた。何を隠そうこの店の名物は、女将の古田直子さん（52歳）その人なのである。

商売的には大失敗!?

「イスラエル人は豚肉がダメ。相手の宗教によってはタブーな食べ物もあるので、なるべく要望に添ってアレンジしてあげるんです」と直子さんは言う。客から寄せられる「あれはできる？　これはどう？」のリクエストに辛抱強く向き合うのがこの女将だ。こうしたやりとりが互いの距離を縮め、そして新たなメニューを生むことになる。

「ベジギョーザ」はその一つで、インド人も「生き返る！」と歓喜するというヒット作だ。トリップアドバイザーの評価欄に目を落とせば、その評価は満点だらけ。「日本でベジタリアン・フードを探すのは困難だが、この店は豊富なメニューを提供してくれた」――そんな書き込みもある。

相手の宗教を尊重してそれをメニューに反映してきたのが、「平安楽」の歩みでもある。メニュー作りに取り組んだのは20年前から。すでにこの頃から外国人客が来ていたことの証しである。

「外国人客向けのメニューも当時は紙一枚だったんですが、『こんなもの食べたい』という要望を受け入れているうちに丸ごと1冊のメニューが出来上がったのです。中には『これを使って料理をつくって』と調味料まで持ってくる外国人もいました」（同）

中華料理のみならず、ベジタリアンからヴィーガン料理、グルテンを含まない食事まで「ノー」とは言わない徹底ぶりだ。ちなみにヴィーガンとは絶対菜食主義者の意味で、卵・牛乳・チーズなどの酪農製品も含まない料理のことだ。

近所の評判も悪くない。同業者も「あの店は本当によくやっている」と舌を巻く。その一方で、直子さんは本音を明かす。

「商売的には大失敗ですよ。よく『外人来とるで儲かっているやろ』と言われますけど、何となくにぎわっているように見えるだけなんです。カスタムメードで対応するのはただただ時間が掛かるだけで、お客さんを待たせることになって効率も悪い。でも、幸い旅の人は気長に待ってくれるから、これに支えられているだけなんです」

「マニュアル」ではない心配り

なぜこのように「お客様に至れり尽くせり」ができるのだろうか。それにはこんなエピソードがある。

この「平安楽」は、1963年に夫（洋さん・55歳）の父親が「中華そば屋」として創業したが、当時の店は「役所からクレームが来るくらい不愛想な店だった」（直子さん）。「お客さんの注文にろくに返事をしないので不安になってもう1回注文を繰り返す、3回繰り返したら中華そばが3杯出てきた」（同）という体験を余儀なくされた客もいたそうで、お客の間で「ひどい目に遭う中華そば屋」として有名だったようだ。

「けれども稼業を受け継ぐ自分たちの代は『それではいけないよね』ということになったんです」――これが今に見る「平安楽」の原点となった。「1位の栄冠」を手にした理由は、この女将と料理人であるご主人の「サービス」を超えた「まごころ」にあることは間違いない。

一方、トリップアドバイザーの評価を見て、「この店は高級店に違いない」と期待を膨らませる欧米客は少なくない。同サイトが選考するトップランクは大抵が高級店だからだ。

「けれどもうちは、ごくごく普通の店なので、店に入るや『なんだここは！』と怒る人もいました（笑）。お客さんによくあるのが〝夫婦間のギャップ〟ですね。ご主人は安くていっぱい食べられるこの店を選んだのに、奥さんはこの店の雰囲気が気に入らずに不機嫌……。そんなときは『飛騨の酒、一口いかが』とか『少し試食されてみます？』などと、奥さんを必死になだめます。だって、せっかくご主人さんがサイトで調べて奥さんを連れて来てくれたんです、そのご主人さんに恥をかかせることはできませんからね」

本当に満足してくれたのかどうか、直子さんは気が気でない。その緊張はお会計をした後、玄関で見送るときまで続く。

「後ろ姿を見送るとき、奥さんから夫に近づいたら『満足』のしるしです。中にはギクシャクしたまま帰る人もいるんですが……」

平安楽を訪れた外国人客

その日、最後の客となったスペイン人のカップル相手に、直子さんは何やら忙しそうだった。「ハネムーンで日本に来たんですって。ちょっとしたカードを贈ろうかしら」——そう言って、短時間のうちにパパッと仕上げた手作りのカードを手渡した。カップルも小さなこのサプライズに「グラスィアス！（ありがとう）」と顔を紅潮させた。

高山の昼夜の気温差ですっかり風邪を引き、ずっと鼻をかんでいた客（筆者）に、すかさず風邪薬を差し出してくれた。フル回転の中でも実に目配りの利く女将である。

その「まごころ」を外国人に伝える助けとなるのが英語という外国語だ。もともと「英語はぜんぜんできなかった」と言う直子さんも、外国人客の増加とともに「本を買って猛勉強した」というクチだ。今では各国の言葉で挨拶をこなす。

その「平安楽」は、日本全国のインバウンド・モデルといえるだろう。普通の店がお金を掛けず人気店になるには、ひとえに気配りと目配りだ。マニュアル化したサービスではない「まごころ」と、そして完璧でなくても「カタコト英語」さえあれば、外国人客は喜んで店を訪ねて来てくれるのだ。

CASE 2
観光資源のない岐阜県飛騨市神岡町を訪れるアジア人観光客、廃線利用・マウンテンバイクの苦節15年

「この神岡の町にも観光客が来るようになったんや。しかも外国人まで来るんや」

神岡の町はだいぶ変わったのでは――、そう町の人に尋ねると、こんな感慨深げな声が返ってきた。

高山市から北東へ車で約1時間、飛騨市神岡町にはその昔、東洋一を誇った「神岡鉱山」があった。そこで採掘された亜鉛精錬の副産物である濃硫酸は、神岡鉄道によって富山まで運ばれていた。奥飛騨温泉口駅から猪谷駅までの8駅を結んだその距離はわずか19・9キロにすぎなかったが、神岡にとっては町の命運を左右する大事な生命線だった。

その一方、神通川下流域の富山県で発生したイタイイタイ病は、この三井金属鉱業神岡事業所から流れ出たカドミウムを含む精錬排水が引き起こしたものだった。２０１３年にようやく

全面解決に至ったが、日本の四大公害病の一つとなる痛ましい過去を持つのが、この神岡鉱山である。

重い十字架を背負い、〝負の産業〟としての側面もあった神岡鉱山だが、後世に残した二つの〝遺産〟がある。その一つが採掘した鉱山の地下空間を利用したニュートリノの大型観測装置「スーパーカミオカンデ」(「カミオカンデ」の後継装置)だ。2002年には、「カミオカンデ」によるニュートリノ観測で小柴昌俊氏が、また2015年には、後継装置の「スーパーカミオカンデ」で観測をした梶田隆章氏がノーベル物理学賞を受賞したことは、私たちの記憶にも新しい。そしてもう一つの〝遺産〟となるのが、廃線となった神岡鉄道を利用したレールマウンテンバイクの稼働である。

香港人に大人気

人里離れ、観光資源もない山奥にレールマウンテンバイク「ガッタンゴー」ができたのは2007年のこと。その後次第にガッタンゴーを目当てにした観光客が数を増すようになった。観光とは無縁だった鉱山の町・神岡の一大変化である。

レールの上を自転車で走るという極めて素朴な体験だが、この爽快感は乗った者にしか分からない。目の前にあるのは真っすぐに続く2本のレールだけで、行く手をさえぎるものは何もない。自転車の車輪がレールとレールの継ぎ目を通ると「ガッタン、ゴットン」と音を立てる。列車独特の音が生まれる瞬間だ。

昔聞いた懐かしい音につかの間の旅情を味わいながら、旧奥飛騨温泉口駅から旧神岡鉱山前駅までの2・9キロを往復する。目前に赤い神岡大橋が見えたと思えば、レール沿いにはフキノトウが広がり、次の瞬間には暗いトンネルに吸い込まれるという変化に富んだ道のりである。

ガッタンゴーの順番を待つ外国人客

筆者の後ろは、香港から来たという4人組が二手に分かれて自転車をこいでいる。「ニホンゴハ、スコシダケ」と言いながらも、彼女たちは筋金入りのリピーターで、日本訪問歴は12回にも及ぶという。そんな彼らが今回の旅で選んだ目的地が、このレールマウンテンバイクだ。スタッフのおじさんに「日本語通じてないようやけど大丈夫やろか」と心配されながらも、4人組は無事ゴールに戻ってきた。

いまだ観光案内所もない神岡の町に、観光客と外国人客が現れるようになったのは2007年からのこと。同年のガッタンゴーの利用者数は1301人だったが、08年は1874人、09年は3208人、10年は6461人、11年は1万1718人、12年は2万0413人と、毎年倍増ペースなのだ。

2014年には3万人の大台に乗り、15年には約4万2000人が訪れた。外国人客では特にアジア人客が多く、利用者の出身は香港、台湾、マカオ、タイにまで広がっている。特に香港人の間での人気は圧倒的で、15年は約3000人が訪れた。香港のテレビ局がこのレールマウンテンバイクを取り上げるや、評判が拡散したらしい。

ガッタンゴーは冬期は営業しない分、春夏に利用客が集中する。今では予約殺到で、よほど運がよくないと乗車できないともいわれている大人気のレールマウンテンバイクだが、「ようやく市民権を得ました」としみじみと語るのは、NPO法人「神岡・町づくりネットワーク」の理事長・鈴木進悟さん（64歳）だ。その裏には苦節15年という長い闘いがあった。

急速に衰退する神岡を救え

話は2001年にさかのぼる。最盛期は1950年代後半〜60年代前半といわれる「神岡鉱山」はこの年、採掘を全面休止した。鉱山を核とした三井金属の企業城下町だった神岡では、90年代には毎年200人規模のリストラが進められ、合計1700人が職を失ったという。神岡町の人口は、1960年は約2万7000万人だったが、2010年の国勢調査では1万人を割り込み9526人になってしまう。

「急速に衰退する神岡を何とかしなくてはと、私たちは基本計画を作ったのです」と、鈴木さんはその当時を語る。

当時、中心市街地の衰退は全国共通の問題になっていた。1998年には中心市街地活性化法が施行され、多くの都市で基本計画が策定される中、鈴木さんもまた自身が立ち上げたNPO法人「神岡・町づくりネットワーク」(2002年設立)とともに、神岡町の基本計画を作成した。これが復活を目指す神岡の第一歩となる。

ところが2004年に入ると「平成の大合併」にのみ込まれる。同年2月、古川町、河合村、宮川村とともに神岡町を含む2町2村が合併され、「飛騨市」に生まれ変わった。その2年後の2006年11月、ついに神岡鉄道は廃線となる。

そこから、住民による本格的な試行錯誤が始まった。すでに神岡に存在した「神岡鉄道協力会」のメンバーにいくつかの団体が加わる形で、活動母体となる「鉄路ルネサンス」を立ち上げた。メンバーたちは軌道に生えた草を刈るなど整備を続け、全線を歩き調査に乗り出した。そんな中で、廃線の線路上で軌道自転車を走らせてみることを思いつく。鈴木さんはこう振り返る。

「山口正一というアイデアマンが、東南アジアを旅行したときのことを語り始めたんです。

聞けば、旧日本軍が残した鉄道の〝線路と線路の間〟をサイクリングできるツアーがあるというんです。ならば、うちは〝レールの上〟を走らせようということになって。鉱山の町ならではで、メンバーには『モノづくりの精神』にあふれた鉄工所の経営者もいて、彼らが中心になって図面を引き、レールマウンテンバイクの原型を作ったんです」

時期を重ねるようにして、２００６年９月、当時の飛騨市・船坂勝美市長が、「神岡鉄道が廃線となった後の鉄路を、不定期の観光鉄道として存続させよう」という意向を表明した。ところが、２００８年２月の市長選挙で風向きがガラリと変わる。新たに当選した井上久則市長は、財政を圧迫するという理由で「レールや鉄橋は撤去する」と、計画を白紙に戻そうとしたのである。

「投資がないところに観光客など来ない」と、鈴木さんも主張を曲げなかった。鉱山の町だったからこそ、観光の町として再スタートを切るにはそれなりの覚悟と資金が必要だった。

行政との対立が深まる一方で、レールマウンテンバイクの試験運行は好調だった。初年度の２００７年は７月20日〜30日のたった11日間の営業にもかかわらず１３０１人の利用者を集めた。土日と祝日に限定して実施されていた運行も、徐々に営業日数を増やしていった。

この間、「鉄路ルネサンス」は任意団体だったことを理由に、運営主体をいったん飛騨市観光協会に移した。しかし、2009年は3208人、2010年は6461人と集客を増やす中で、事業は観光協会から切り離し、NPOに移管するのが妥当という結論になった。2011年、レールマウンテンバイクの営業権は「鉄路ルネサンス」のメンバーでもあるNPO法人「神岡・町づくりネットワーク」に移された。

行政は「レールは撤去」という姿勢を崩さなかったが、この取り組みはますます注目を集め、2012年10月には「日本鉄道賞『蘇ったレール』特別賞」を受賞する。その後も数々の賞を受賞し、マスコミもこれを積極的に取り上げるようになった。レールマウンテンバイクの利用者はうなぎ登りに増えていった。

ガッタンゴーのバイクをこぐ外国人客

「利用者が増えることで、ようやくこの取り組みも市民権を得ることができました。みんなが賛同してくれるようになったのです」(同)

こうなると市もこの活動から目をそらすわけにはいかなくなる。営業権を「神岡・町づくりネットワーク」に移管した2011年は、行政側が「2・9

キロに限った利用」を認めた年でもあった。「しかし、NPOとしては全線を使いたい」と、鈴木さんはなおも諦めなかった。粘り強い交渉が続いた。そしてついに、下流域の二ツ屋駅〜漆山駅の3・5キロ区間の開通のめどが立つ。運行開始日は2017年10月に予定されている。

こうした苦節15年の取り組みが評価され、2016年、NPO法人「神岡・町づくりネットワーク」は第10回「産業観光まちづくり大賞」で金賞に選ばれた。また、この廃線利用の「神岡モデル」は全国に広がり、2017年4月には、全国規模で廃線利用に取り組む「日本ロストライン協議会」が立ち上がった。会長を引き受けた鈴木さんも「これまで神岡単体でやってきたが、今後は法律や規制も含めて共に検討していきたい」と語っている。

補助金をもらうと夢がなくなる

鉱山の閉鎖に伴う一大リストラ、それに続く「平成の大合併」に、神岡の町の未来は大きく翻弄された。特に合併は痛みを伴った。同じ飛騨市を成す町とはいえ、根本的な考え方に食い違いが生まれた。市民感情の対立もあった。神岡町には、東京に本社を置く三井金属に長年雇用されていた者も多い。文化と伝統を守りながら柔軟な考え方ができるのも神岡町の人材ならではだったが、逆に他の自治体と足並みが揃わないという困難も経験した。その苦節15年を、鈴木さんはこう振り返る。

「行政との葛藤、一言でいえばその歴史でした。線路を残さないことには使えないが、そこへの反対意見も強かった。行政の理解を得るのに、本当に長い時間がかかりました」

道半ばでは「ＮＰＯなど要らない」という意見もぶつけられたが、そのＮＰＯ会員も現在１３４人になり、農協や郵便局、鉱山の退職者や農家の人々が支えている。年間の会費は三十数万円程度だが、動かす金額は７０００万円規模に膨らんだ。

「神岡鉄道の時代、１日の売り上げは5万円足らずというときもありました。今では自転車を走らせて1日45万円以上を稼ぎ出します。これは当時の約10倍の売り上げです」と鈴木さんは胸を張る。ＮＰＯに会費を納め、希望を託す高齢者がいる。鈴木さん自身も身銭を切った。だが、行政からの補助金はもらわない。「補助金に依存すれば夢がなくなる」（同）からだ。すべてを自分たちの力でやるからこそ、そこに意義があるというわけだ。

あえて〝インバウンド〟の看板を掲げなくとも、外国人客はレールマウンテンバイクに惹《ひ》きつけられてくる。いい取り組みは、自然と国境を超えるのだ。そしていい取り組みにしようと思えばこそ、長い時間が掛かる。地域活性化とインバウンド、本来あるべき姿を飛騨の山奥で見つけることができた。

CASE 3

焼酎1本1万円！ インバウンド市場を引き寄せる
鹿児島県・天星酒造の商品開発

「うちの酒は日本一」と言うけれど

日本全国に清酒、焼酎をつくる酒蔵は2000ほどある。どの酒造メーカーも「うちの酒は日本一」だと信じて疑わない。そんな〝おらが地元の自慢の1本〟は全国津々浦々にある。しかし、買う側からすれば、膨れ上がったブランド数はあまりに多すぎて、選ぶだけでも骨が折れる。よほどウンチク好きのファンでない限り、「買ってみよう」という気にはなれないのが正直なところだ。しかも、現代は若者の日本酒離れが進んでいる。日本全国に無数に散らばる酒蔵は、大手メーカーを除けばどこもみな青息吐息というのが実情だ。

これでは地方経済はますます冷え込むばかりだ。そのため、近年は海外にその市場を求めるようになった。外国人に飲んでもらおうと、対外輸出に力を入れ始めたのである。2016年、清酒は1973万リットルを輸出し、年々増加傾向をたどっている。

一方、日本を訪れる外国人客に買ってもらおうという動きもある。観光庁は近年、「訪日観光客が酒蔵やワイナリーなどで購入する酒は酒税を免税とする」などの措置を打ち出した。外国人客を酒蔵めぐりに誘導し、そこで購入に結び付けば地方の観光振興にもつながる、と算段したのである。そこには、世界のマーケットでの認知度向上にもつながるという期待もある。

だが、そう簡単に外国人客は振り向くだろうか。その逆を想像してみればいい。筆者は中国土産に空港で売っている紹興酒を何度か母に贈ったことがある。しかし、高級紹興酒も化粧箱入りの未開封の状態で何年も保存され、ついに消費されることはなかった。いかに中国の名酒といえども、母はその価値にピンと来ない。筆者が帰国のたび（当時は上海に住んでいた）に渡す紹興酒も、実は有難迷惑だったのだ。

だから、いくら日本人が「日本酒はうまい」と強調したところで、それはただの押し付けになってしまう。ましてや「うちの酒は日本一」と言われても、第三者からすればそれは単なる思い込みにすぎず、根拠のない自慢としか受け取ってもらえない。文化や風土の異なる外国人客への販売の難しさは、まさにこの点に尽きる。

外国人客に振り向いてもらいたいというのは、全国の酒造メーカーに共通する思いだろう。特にここ数年、海外市場での販売量が低迷する焼酎においては、待ったなしの取り組みが待たれている。一時は焼酎ブームが日本列島を席巻したこともあったが、今では深刻な低価格競争を招いているのが実態だ。

空港の免税店で売られる「1本1万円」の焼酎

低迷する国内の焼酎市場だが、伸びている酒造メーカーもある。日本のある国際線空港の免税店では、国内の有名どころを差し置いて、日本の名もない酒造メーカーの焼酎が売れているのだ。「大帝」というブランドにつけられた値段は、破格の1本1万円。これはもはや焼酎の値段ではない。2016年末からは別の空港にも姿を現した。

蔵元は、鹿児島県曽於郡大崎町にある天星酒造（株）だ。創業こそ1901年と古いが、社員数12名の小さな焼酎蔵元である。国内では熾烈な価格競争とともに疲弊する酒造メーカーがある一方で、しっかりとインバウンド市場に食い込む酒造メーカーがあるというだけでも、日本経済にとっては朗報だ。

取締役営業部長の池亀貞光さん（46歳）は、「販売数量はまだまだ増加すると思います」と自信をうかがわせるが、そもそも、この天星酒造の成功のカギはどこにあったのだろうか。池亀さんはこう話す。

「焼酎はなぜ世界の市場で受け入れられないのか、まずはそこへの分析から始めました。焼酎のアルコール度数は20～25度しかないのに対して、ウイスキーやウオッカなど世界の蒸留酒は40～50度もあります。実は、蒸留酒をストレートで飲む世界の蒸留酒市場において、日本の焼酎はとても中途半端な存在だったのです。〝度数が半分のアルコール〟を〝ストレートで〟外国人に飲んでくださいとアピールしたところで、振り向かれないのは当然なのです」

国内市場にばかり目を向ければ、価格競争に巻き込まれる運命は目に見えている。外国人客に振り向いてもらえるにはどうするか。天星酒造はあえて外国人向けの商品開発に踏み込む賭けに出た。

「弊社は、既存の国内向け商品を外国人客向けに〝流用〟することを見直しました。焼酎というカテゴリーではなく、『蒸留酒というカテゴリーでの勝負』に出ようと決断したのです」(同)

もともと同社は、「天星宝醇。42」と名付けられた独自製法による〝実験的商品〟を持っていた。日本市場で42度の焼酎を売ろうとしたのだが、「焼酎は割って飲むもの」という固定観念がある日本では振り向かれず、結果は敗北に終わってしまった。

国内市場が歯牙にもかけなかった「天星宝醇。42」だったが、「もしかして、これをベースに改良を加えれば、外国人に飲んでもらえるかもしれない」と思いつく。

外国人がこれを蒸留酒として受け入れるには、何が足りないのか――。それには海外の消費者がこの商品にどう反応するかを知る必要があった。訪日客が増え始めた中国に目を向け、２０１１年11月、池亀さんはマーケティングのために上海に飛んだ。

上海でのマーケティングを商品に反映

上海の広い展示場に、池亀さんは黒の羽織袴で乗り込んだ。

「とにかく注目してもらってなんぼの話。けれどもお金は掛けられません。そこで、結婚式用に買った羽織袴を持参したんです」

こう池亀さんは振り返る。予算がない中でもいかに話題性をさらうかは、中小企業の知恵の絞りどころである。

上海でのマーケティングを通して、「天星宝醇。42」には、いくつかの改良が加えられた。度

上海食品見本市（2011年11月）で説明する池亀さん

数を43度に1度上げて飲み応えのあるものにし、5年以上熟成した原酒を１００％使用することにした。ラベルは売り場でも目立つよう、金色や赤色を多用した。

また池亀さんは、中国をはじめとしたアジア市場では「贈答文化」が根強く、贈った側も贈られた側もメンツが立つような〝贅沢感のある商品〟にニーズがあることに気づいた。そこで包装材を徹底的に見直すことにした。レザー袋に入れて高級感を出した焼酎には、８８０元（２０１２年当時約1万５０００円）という値段をつけた。日本円で1万円を超えるような価格設定にチャレンジし、中国では縁起のいい「8」という数字を並べた。そして、インバウンドの訪日客向けにネーミングも変え、新商品「大帝」として、発売に臨んだ。

地方の酒造メーカーが「いい商品がなかなかつくれない」と悪戦苦闘する中で、海外向け輸出商品「天星宝醇」、国内のインバウンド商品「大帝」は、焼酎の常識を打ち破る価格帯で蒸留酒カテゴリーに食い込みを果たし、突き抜けた存在となっていった。

〝偏狭な自己愛〟を打ち砕け

池亀さんは、香港の展示会にも参加した。試飲コーナーではコンパニオンに白手袋をさせて注がせた。この〝仰々しさ〟が目に留まって『ジャパンタイムズ』に「天星宝醇」が取り上げられた。年商2億円の小さな蔵元が闘うには、「百均で買った手袋」（池亀さん）という〝小さな演出〟も欠かすことはできなかった。

こうした試行錯誤を繰り返す同社に、2012年、「国際空港免税店での取り扱い」という大きなチャンスがめぐってくる。免税店側からは既存商品の価格帯での商品提案を求められたが、池亀氏はあえて1万円という、売れ筋商品価格の3倍以上の商品を提案した。その結果、これが大当たりする。当初の狙い通り、〝割らずにストレートで飲む〟というスタイルが、外国人客に受け入れられたのである。包装材のこだわりも、「贈答用」で求めるアジア人客のニーズをうまく取り込んだのである。

こうした独自の取り組みがさらに評価され、2016年末には、別の国際空港免税店での取り扱いが決まった。これは先に述べた通りである。また、各地の百貨店でもインバウンド需要の増加に伴い取扱量が伸びた。訪日客が増加するタイならば、焼酎の需要も見込めるだろうと、2015年からはタイへの輸出も始めた。現在、インバウンドとアウトバウンドの両輪が同社事業の大きな柱となっている。

うちの酒はうまい、うちの酒こそ日本一だ、そう思い込んでいる酒造メーカーは一つや二つではないだろう。「〇〇大臣賞を受賞した」など、国内での受賞歴にこだわるメーカーも少なくない。

これに対して池亀さんは「外国人はこうしたことにまったく興味を示さないどころか、〇〇県産といってもピンと来ません。類似品とは圧倒的な違いを見せないことには、購入してもらえません」と語る。〝偏狭な自己愛〟を打ち砕かないことには次のステージは始まらない、というわけだ。

国内と国外ではマーケットは明らかに異なる。海外から来る訪日客ならなおのこと、既存の商品の押し付けではなかなか買ってもらえない。天星酒造の事例が示唆するのは、「風土や文化の異なる外国人客なのだから、嗜好に合わせた商品開発が必要だ」ということだ。これは日本酒や焼酎のみならず、他の食品にもいえることではないだろうか。インバウンドだから「待ちの営業でいい」「あるものを売ればいい」というわけではない。それこそ世界のマーケットから情報を取る意気込みが欠かせないのである。

CASE 4

岡山県岡山市表町商店街の「一括免税制度」、商店街にもたらした〝副産物〟とは

商店街で夕食にあぶれる

2017年春、岡山市を訪れた筆者は、岡山駅西口にある奉還町から、東口側にある市街地の表町《おもてちょう》商店街に向かっていた。

岡山市北区表町には、総延長1キロメートル以上のアーケードで覆われた商店街がある。そこは「表町商店街」と呼ばれ、上之町商店街、中之町商店街、下之町商店街、栄町商店街、紙屋町商店街、千日前商店街、西大寺町商店街、新西大寺町商店街の八つのアーケード商店街によって成り立っている。280店舗を数える大規模商店街・表町に行きさえすればきっとおいしい夕飯にありつけると、筆者の期待は高まっていた。

岡山市民なら誰もが知る老舗百貨店・天満屋の脇で下車し、表町商店街を南下した。時計は18時半を回ったばかりだったが、すでに下之町商店街、栄町商店街、紙屋町商店街では、多く

の店がシャッターを下ろしていた。夕飯を食べられるような地元の名物店は見当たらない。踵《きびす》を返し、百貨店の天満屋に戻る。百貨店には食事処はあったが、ラストオーダーは19時だった。先ほど乗車したタクシーの運転手さんとの会話を思い出す。

「岡山駅すぐのところに西日本最大のイオンモールができたんですよ。岡山市内はこの1年で大きく人の流れが変わってしまいました」

筆者は楽しみにしていた旧市街地の表町商店街での食事と散策を諦め、「岡山駅行き」のバスに飛び乗った。

商店街が「一括免税制度」を全国で初めて導入

翌日、再び表町商店街に向かう。大方の店が開店する10時を前に、商店街にはガラガラとシャッターを開ける音がこだましていた。商店街通路はインターロッキングブロックで舗装され、贅沢なデザインが施されているアーケード天井が美しい。人の往来も減り、空き店舗が目立つのは日本全国の商店街の共通現象だ。表町商店街もまた例外ではないが、そのスケールといい、商店の顔ぶれといい、まだまだ元気で闘える素地を十分に残していた。

その表町商店街に、2014年を前後してある変化が現れたという。その一つが西日本最大規模を誇るイオンモールの開店だった。新幹線も停車する岡山駅前と表町商店街を中心とする市街地の二大商圏におけるパワーバランスの変化は不可避だった。もう一つの変化は訪日外国人客の増加である。都心部での「爆買い」が過熱する時期と重なり、大阪・神戸の経済圏に隣接する岡山にもじわじわとその影響が及ぼうとしていた。

同じ時期に、日本政府がある規制緩和を打ち出した。免税制度である。「外国人客がもたらす旅行消費を取り込め」――は、当時からの全国的なスローガンで、これを促進するため、段階的に免税範囲を拡大し、免税金額のハードルを下げ、その手続きを簡単なものにしようとしていた。その後の2015年4月の税制改正で「一括免税制度」が導入された。これは「免税手続きを第三者に委託」することで複雑な免税処理の手続きを一つのカウンターで処理できるという制度だ。

表町商店街の商店主の中にも、こうした動向にアンテナを高く張る人たちがいた。その一人が文房具店(有)「ソバラ屋」経営者の矢部久智さん(45歳)だった。

「私たちの商店街にも外国人客向けの免税制度の導入ができたらと思っていた矢先、政府はさらなる制度緩和を行い『一括免税制度』をスタートさせました。免税カウンターを一カ所設

「岡山モデル」を考える
ソバラ屋の矢部さん

ければ、そこに委託して免税手続きを行える新制度です。商店街が個別に免税カウンターを設置することなしに免税システムを活用できるのは、当店のような小さい文房具店にはとても現実的です。そう思ってこの話を天満屋さんに持ちかけようとしたのです」

百貨店と商店街は競合する部分がありながらも、このエリアでは、天満屋と表町商店街が連携しながら岡山市街の中心的繁華街を形成してきたという歴史がある。

岡山市表町商店街連盟の事業推進事業部長も務める矢部さんが天満屋に足を運ぶと、天満屋もまたこの「一括免税制度」の導入を検討していたことが分かり、その後の話はトントン拍子で進んだ。百貨店と商店街がさらなる団結を強めた背景には、言うまでもなく前年末のイオンモールの進出があった。

翌5月、一括免税制度は、20店舗の加盟を集めて、表町商店街・ロマンチック通り商店街でスタートした。全国でも商店街として初の事例だったことから、多方面からの注目を集めた。

この制度は加盟店1店舗当たりの買い物が免税対象額（5000円以上）を満たさなくても、複数店舗での買い物の合計金額が条件を満たせば免税可能になる、というものだ。仮に商店Aで500円しか買い物をしなくても、百貨店Bでの買い物と合算して5000円以上になれば、商店Aの500円分も免税対象となるというわけだ。今回のケースでは、商店ごとに行っていた免税手続きを天満屋が代行して一括で行うことになった。この「一括免税制度」の導入により、商店街の個別の店舗は免税システムを導入する煩わしさやコストから解放された。

始まった〝岡山モデル探し〟

さて、筆者はこの取材旅行で意図して〝岡山自慢〟を聞こうとしたが、ついにその機会には恵まれなかった。「岡山県民は控えめ」だといわれるがその通りだ。それはある意味、岡山の地理的特殊性の示唆ともいえるだろう。大阪・神戸の一大経済圏と世界的な認知度を持つ広島という観光地に挟まれた岡山は、相対的に〝目立たない存在〟にならざるを得ず、観光資源、グルメ、買い物のPRにおいても「宣伝するほどのものではない」と評価を控えめなものにとどめてしまう傾向がある。

他方、同じ中国地方でも〝広島偏重〟の傾向があるのは数字にも明らかだ。2015年に岡山県を訪れた外国人客（統計は宿泊ベース）は16万人程度にすぎない。隣接する同じ中国地方の広島県は同年、166万人の外国人客を迎えた。その地を選んだ動機には、人類の共通テーマである「広島の原爆」への強い関心があることは想像がつく。

確かに岡山県も近年は外国人客が増えている。しかし、そこにあるのは「岡山の××が見たい」というような積極的な選択というよりも、中国・四国の観光の交差点としての機能性が注目されている可能性が高い。「爆買い」の頃、大阪の一極集中を回避すべく、アクセスのいい岡山の地に訪日客がシフトしたのもその一つの表れだろう。

そんな岡山にもインバウンドのチャンスが到来しようとしていた。当時、中国人客の「爆買い」が席巻する大都市圏の東京や大阪では「飛ぶように売れる百貨店の高級品」や「3メートルの長さに及ぶドラッグストアのレシート」などのニュースが報道されていた。地方都市にもこうした〝爆買いドリーム〟にあやかろうという動きが見られた。しかし、冷静に判断すれば、これは都市部に限定される動きであり、むしろ例外中の例外にすぎない。

では岡山の商店街としてはどうするのか——。

「岡山県の商店街が『爆買い』を狙ったり、あるいはクルーズ船で訪日する中国人団体客を狙ったりするのは無理があるというもの。どこかの真似とは違う、身の丈にあった〝岡山モデル〟は何なのか、これについて真剣に考えるようになりました」（矢部さん）

矢部さんはじめ、商店街の加盟店には「インバウンドの取り組みが大都市圏の真似であっていいのか？」という強い思いが生まれるようになっていた。

最初は緊張の連続

その結果、表町商店街は個人旅行者に合わせたアプローチを模索することになった。一人ひとりの個人客であれば、言葉が通じないながらも「気持ち」の込もった接客ができる、そんな期待があった。

取り組みはできることから始まった。まず、加盟店は「タックスフリー」表記のあるサクラのシールを店頭に貼った。このシールはその店舗が免税店であることを示すものだが、「外国人受け入れOK」というサインにもなり、入店を促すことができる。さらに、ポップを書いて分かりやすく、セット売りにして買いやすく——などの工夫も行った。売り場ではそんな小さな変化が始まった。

しかし、こうした未知へのチャレンジも、接客の最前線に立たされる販売員からすれば精神的負担を伴うものだった。

「どうぞ外国人のお客様が来ませんように……！と祈るような気持ちでした」と当時の心境

を語るのは、お茶や茶道具の専門店「ほんぢ園」の店長・株丹弘子さん（56歳）だ。「とにかく英語なんてしゃべれないし、お店に入ってきただけでもう心臓がドキドキだったんです。ハローぐらいは言えてもそれ以上は無理ですから」と振り返る。

誰もが外国人客への対応という経験を持たない中、従業員にとって外国人向けの接客が相当なプレッシャーになっていたことが分かる。だが、それから2年が過ぎた今、株丹さんは積極的に売り場づくりをリードする存在に変わっていた。

「指さし」で通じる多言語ボードを用意したり、多言語表示の商品説明を作成したりした。中には「こんにちは」「ありがとう」を15の言語で示した「世界の挨拶」もある。「お抹茶体験」も始めた。次から次へと着手した小さな工夫が店内を満たしていった。

ちなみに、商店街の個別の店舗では「外国人客が日本体験をしてもらえるような取り組み」が次第に増えてきている。矢部さんが経営する文具店「そばらや」では書道の体験が、仏壇仏具の専門店では「匂い袋づくり」などが行われている。これらはすでに目新しさはないが、それでもここ岡山でもできるようになったことは注目に値する。

最初は緊張の連続だった株丹さんも、今ではむしろその接客を楽しんでいるようだ。オフシーズンは1週間に2、3組の来店ではあるが、その接客にも余裕が生まれた。

「今はなるべくお客様の国の言葉で挨拶しようと頑張っています。逆に私の発音を直してくれたりして、ちょっとしたコミュニケーションにもなるんです。つたないやりとりをしながらも、最後に商品を買ってくれると達成感を感じますね。そして笑顔で店を後にするお客様の姿を見ると私もうれしくなるんです」

2年後の経済効果は

「一括免税制度」の導入から2017年で2年が経過したが、果たして肝心な利用状況はどうだろう。一括カウンターを設置する天満屋に尋ねてみた。回答してくれたのは販売促進・広報担当課長の鈴村実咲さん（37歳）だ。

「2年前にゼロベースで始めたわけですから、伸び率でいえば数字的には大きいのですが、大きな売り上げにはつながってはいないというのが正直なところです。まだまだ全体の売り上げに対しての影響度は小さいというのが現実です」

外国人客にとってなじみある観光地とは言い難い岡山県は、そもそも外国人客の絶対数は少ない。「一括免税制度」を導入したところで「突然の売り上げ増」といった短期的な経済効果を見込むことは難しい。

前出のお茶の専門店「ほんぢ園」の代表取締役会長である本地量英さん（68歳）は、率直な感想をこう伝えている。

「一括免税制度を導入したからといって、ものすごく変わった感じはしないね。これによって多くのお客さんが取り込めるようになったかというとそうでもない。ただ『時代の変化』という意味で、こうした対応もしていかなければならないのです。私たちも生き残りがかかっている、何事もやらないよりやった方がいいでしょう」

余談だが、「ほんぢ園」では店頭販売のみならず、越境ＥＣにも目を向けている。諦めムードに支配され〝座して死を待つ〟選択をする商店主も少なくない中で、国内・海外の新たな市場を開拓しようと果敢に挑戦するその経営姿勢には頭が下がる。

「インバウンド＝爆買い」なのか

「一括免税制度」は、短期的には大幅な売り上げ増にはならない——。これは挑戦して得られた第１段階における一つの結果でもある。ところが、街には「やっぱりねえ」といった冷ややかな視線も存在する。表町商店街における加盟店は280店舗中31店舗（2017年6月時点）に増えたものの、「模様眺め」に徹する店舗はそれ以上に多い。

「一括免税制度」が導入された当時、首都圏で起こった「爆買い」は絶頂を迎えていたが、その後、ほどなくして衰退に入る。「爆買い」はバブルであり、バブルの余波はついに地方経済を潤すことなく収束してしまった。

こうした流れの中で、地元では「岡山はインバウンドのメリットを享受する前に終わった」とささやかれるようになった。中には「インバウンド＝爆買い」だと認識する人もいて、「インバウンドは水物だったのだ」と背を向けるようになった人たちもいる。

もとよりインバウンド・ツーリズムとは「爆買い」現象を意味するものでもない。海外から訪れる旅行者を迎えることがその定義だが、日本においては地方創生にも絡む持続可能性ある取り組みに結び付けられている。少子高齢化が進み地方経済が沈む中で、新たな消費者として地元を支えるのが海外からのお客さんであり、その外国人客の「旅の目的地」に選んでもらえるような町に成長しよう、というのが日本のインバウンドの取り組みにおける本来の趣旨である。

空前の円安がもたらした中国人客による「爆買い」は、たまたま起こった一過性の現象であり、これが「インバウンドだ」と受け取られているならば残念なことである。

だが、その一方で、表町商店街からは「爆買いが終わったからもうやらないのではない、『一括免税制度』はむしろ副産物をもたらしたのでは」という声も聞こえてくる。天満屋広報の鈴村さんも「『一括免税制度』という取り組みに参加し、頑張った人たちには経験が残りました」と語っている。

「ターゲットはどの国にしよう」「岡山にはどんな属性の外国人客が来ているだろう」「彼らはどんなものを好むのだろう」――加盟店の中にこうしたチャレンジがあったことは想像に難くない。初めて「市場分析」というものに向き合った店舗もあったはずだ。

表町商店街に限らず日本の商店街というものは、既存客が商売の相手であり、新たな顧客の獲得努力に欠けるところがある。そもそもマーケティングという発想も乏しい。だが、ことインバウンドともなれば、そこには論理的に攻略しようとする思考が働く。少なくともこれがきっかけで表町商店街は「商売」にしっかりと向き合うようになった。表町商店街には一大進歩がもたらされたのである。

補助金に頼らず、民の力で

また、「一括免税制度」へのアプローチを通じて、はっきりと見えてきたものがある。それが「岡山の魅力探し」だ。鈴村さんによれば、「私たち自身のよさが何なのか、それに気づいてないところがあった」という。しかし、こうした取り組みを通して、岡山にも「何かがある」ことに気づき始めた。天満屋の百貨店としてのチャレンジも明確になった。

「天満屋には、岡山名産の備前焼や児島ジーンズの扱いがありませんでしたが、徐々に〝岡山の独自性〟を売り場に取り込む動きが出てきています」（同）

「一括免税カウンター」の開設、これそのものが人を集めるわけでもないし、成功を導くわけではない。むしろ注目したいのは、これをきっかけにもたらされた気づきだ。インバウンドという新たな風が地元にもたらしたもの、「それは岡山を見つめ直す機会にほかならない」と鈴村さんは語っている。

他方、筆者が関心を持ったのは「補助金に頼らない民の力」である。昨今、補助金目当てのインバウンド事業、という本末転倒な事例も散見される中で、この表町商店街の取り組みはまずは「民」が団結して知恵を絞ったところが出発点となっている。

「システム導入という先進事例を打ち立てたことをきっかけに、私たちは表町エリアをこれからどう磨いていくかについて考えるようになりました。商店街だけでも、百貨店だけでもダメ、目指すはエリアとしての発展だ、ということです。ところが、やればやるほど気づくようになるんです、これからは『チーム岡山』だ、と。旅行者に岡山県を知ってもらわないことには始まらないんです。そこで岡山県をどう売り込むか、という作戦が必要になってきます。けれども資金を必要とする広告宣伝やPRはとても私たちの力ではできません。ここでようやく行政の出番なのです。その行政とも交流が生まれ、少しずつ私たちの取り組みを応援してくれるようになりました」（矢部さん）

表町商店街にとっての「インバウンド」は、民間の取り組みがリードする形で始まった。予算に依存した大掛かりなインバウンド事業ではなく、大事なのは、町レベルで市民が動かす〝等身大のインバウンド事業〟である。

「岡山をどう形づくるか」は、はるか以前から潜在した一つの大きな課題だったといえる。インバウンドは、表町商店街でこれに取り組む人々にその課題に向き合う機会をもたらした。「一括免税制度」はそのきっかけでしかないが、それなしには新たなステップを刻むことはできなかったということだ。

CASE 5

ゴミのリサイクル日本一の鹿児島県大崎町、次の一手で「インバウンド」に

筆者が鹿児島県の大崎町に注目したのは、〝正しい順序〟でインバウンドへの取り組みを展望しているからだ。先に町の独自性ありき。それがあれば、インバウンドは後からついてくるという好事例だ。

日本全国を俯瞰すれば、観光資源に恵まれた町はまれで、大抵の町民は「うちの町は何もない」と答えるだろう。だが、諦めるのはまだ早い。ここで紹介する鹿児島県曽於郡大崎町はそんな「全国の何もない町」にも希望を与えてくれるはずだ。

「じゃないほう」の半島？

「何もない町」といわれる大崎町に今、外国人の姿が見られるようになった。その大崎町とは、一体どこにあるのか。地図を広げると目に飛び込んでくるのは二つの半島だ。西側の薩摩

半島には、その豊富な観光資源とともに内外から多くの訪問客を集める鹿児島市中心部があり、ここから南下すれば名湯、秘湯で有名な指宿市がある。いわゆる鹿児島観光の舞台となるのが薩摩半島である。

一方、桜島を挟んだその対岸、つまり、県の東側に大隅半島がある。観光ポスターに掲げられたキャッチフレーズは「じゃないほうの半島」。この表現には、「観光資源が豊富な薩摩半島じゃないほうの……」という、大隅住民の独特の自虐的センスが込められている。

大崎町を訪れる前、筆者は現地の人から繰り返し、「大崎町には何もありませんよ」と言われ続けていた。それなりの覚悟はあったが、どこかに「それは謙遜だろう」という思いもあった。たとえ取材の前後に時間が余ったとしても、いくつかの見どころぐらいはあるだろうと高をくくっていた。

ところが、現地に到着すると、大崎町めぐりはものの30分で終わってしまった。外からの観光客が立ち寄れるのは、道の駅のような物産館がせいぜいで、歴史の名残があるものは古墳が一つあるだけだった。「大崎町は何もない」は真実だった。

そんな大崎町で近年、インドネシア人の姿が見られるようになった。観光を目的にした訪日客ではないが、大崎町にとっては海外からの大事なゲストである。彼らがここを訪問するようになったのは、大崎町にゴミのリサイクルシステムがあることを知ったからだった。

大崎町をインドネシア人が訪れる理由

人口約１万３０００人の大崎町はゴミ焼却炉を持たないため、これまで廃棄物を内陸部の山に埋め立てて処理を行ってきた。しかし、埋立処理は有限で、いずれ限界に達することは目に見えている。日々増え続ける処分場のゴミには待ったなしの状況が差し迫っていた。

大崎町はその解決策として、ゴミ焼却炉の建設を検討したが、建設費が掛かる上、高額な維持費も掛かることから「町の財政事情には見合わない」との決断を下した。お金がない大崎町は埋立地での処理を選択せざるを得なかったのである。

ゴミ捨ての当日、インドネシア人研修生も分別体験

しかし、埋立地を延命させようとするなら、徹底してゴミ分別を行うことが大前提となる。

大崎町では、１９９８年時点でカン・ビン・ペットボトルの3品目の分別しか行っていなかったが、２００２年には実に27品目の分別を行うようになった。とはいえ、一気に品目を細分化させたのではなく、順次品目を追加させることで、最終的に27品目に到達した。その結果、資源化される割合は80％にも達し、埋め立てに回すのは残り２割のゴミだけとなった。

「資金がないから、分別を増やして処分場を延命させるしかなかった」とする大崎町だが、インドネシア人の目にはこれが実に画期的なモデルに映った。経済成長期にあるインドネシアでは、ゴミ処理が喫緊の課題であり、解決策を模索していたインドネシア大学が、大崎町に白羽の矢を立てたのである。大学間学術交流協定を結んでいる鹿児島大学がインドネシア大学の相談を受け、大崎町の取り組みを紹介したところ、インドネシアから毎年、人材が送られてくるようになった。

大崎町役場で住民環境課課長補佐（当時）を務める中野伸一さん（49歳）は「正直、この大崎町に海外から声が掛かるなんて夢にも思いませんでした」と語る。大崎町が生んだゴミ処理システムはインドネシアでブランド化され、「環境を学ぶなら大崎町だ」と言われるまでになった。

「大崎町の特徴は何なの？　と尋ねられれば、誰もが『リサイクル率80％で、日本一』だと答えられるようになりました。『環境にやさしい』という表現は誰でもできますが、大崎町民ならこの『日本一』を語れるのです」（中野さん）

大崎町は、環境庁が実施している一般廃棄物処理実態調査で80％を超えるリサイクル率を達成し、人口10万人未満の自治体で10年連続の全国1位を維持している。

「リサイクル率日本一」でふるさと納税全国4位

こうした状況が、大崎町に次なるステップをもたらした。ふるさと納税への取り組みだ。ふるさと納税とは、好きな都道府県・市区町村を選んで寄付をする行為で、これは対象地域の応援にもつながる一方、寄付者は寄附金控除や返礼品という形でメリットを享受できる。

大崎町は、２００８年度からこのふるさと納税の取り組みを行っているが、２０１５年度は27億円の寄付金を集め、宮崎県都城市（42億円）、静岡県焼津市（38億円）、山形県天童市（32億円）に続く全国4位にランクインした。返礼品にはマンゴー、うなぎ、和牛、黒豚など、土地の隠れた名産が連なる。

〝隠れた名産〟と表現したのは、大崎町が農畜産物で全国の出荷量のシェアを押さえながらも、それはＯＥＭ（相手先ブランド名での生産）にとどまり、「大崎ブランド」というものがほとんどなかったためだ。

実は、大崎町のうなぎは全国一の出荷量を誇り、鶏肉ではＫＦＣ社（日本ＫＦＣホールディングス株式会社）の設定した厳しい衛生基準を全国トップで達成した事業者もいる。黒豚はもちろん、優秀な種牛の産地でもある。米沢牛、佐賀牛のルーツをたどれば大崎町にいきつく。

山がなくなだらかな台地という大崎町の地形が、こうした農畜産物の生産者を育ててきたのだ。

前述したように、地元にはこうした豊富な食材がありながらも、その流通は事業者間の取引にとどまり、「大崎ブランド」として一般の消費者に販売されることはなかった。

大崎町ふるさと納税チームリーダーの竹原静史さん（40歳）は次のように話す。

「大崎町には従来からモノはあったのですが、自ら情報発信をして販売を行った経験はありませんでした」

従来の事業者間に限定されていた取引から、直接の消費者へと販路を広げようとする販売革命。大崎町はまさにこのただ中にある。ここで追い風となったのが「リサイクル率日本一」の肩書だ。ふるさと納税の寄付者からは「リサイクル率日本一に感銘した」など、町民の環境問題への取り組み姿勢に多数の共感が寄せられた。

住民の忍耐と役場の機敏さ

「リサイクル率日本一」はもとより、「ふるさと納税上位ランクイン」は「役場の機敏さ」と「大崎町の住民力」のタッグがもたらしたものだと言える。

「これまで役場と住民とは大きな接点がなかったのですが、ふるさと納税をきっかけに、役所と住民が一緒に取り組む経験をしました。もともと、おとなしい住民たちでしたがふるさと納税への出品をめぐって交流を始め、自分たちの意見をはっきり伝えるようになりました。それだけでも目を見張るものがあります」(竹原さん)

一方で、ふるさと納税に参加した事業者からはこんな声が上がる。

「これまで、役所というところは稟議だ何だと時間がかかり、事業者の希望を断るのが仕事なんじゃないかと思っていました。けれども、このふるさと納税の取り組みを通して見方が変わりました。『いいですよ、やっときます』と打てば響くような即答が返ってくるのです。これが事業者たちのやりがいにつながったのです」

もとより大崎町役場には「役場としての力の限界」の認識があり、これを乗り越えるには「行政主導ではなく、住民を巻き込んで一緒にやる」という考え方が明確に存在していた。これを丁寧に実践し、事業者たちを集め「一緒に儲けよう」と促し、「町のために頑張れば、回り回って事業者も豊かになる」と共通目標を掲げた。これが奏功し、「ふるさと納税全国4位」で町が潤い、また事業者間の団結力が生まれた。同業者間に顕著だった〝地元の足の引っ張り合い〟も、いつの間にか解消していた。

次なる目標は「インバウンド」

ふるさと納税のヒットはいつまで続くのだろうか。事業者たちの間に一抹の不安がよぎる。奇しくも筆者が大崎町を訪れた日、大崎町役場では「ふるさと納税」の説明会が行われていた。この会に参加した食品関連の事業者の一人は「上位維持も安売り競争に巻き込まれるリスクがある」と、筆者に耳打ちした。すでに大崎町役場も同様の危機感を募らせていた。もちろん、〝次なる一手〟はすでに考えている。それが「インバウンド・ツーリズムへの参入」だ。

「第1段階はネット販売による地方発送でしたが、第2段階では『大崎町に来てもらって買ってもらう』ことを構想しています。大崎ブランドでファンを獲得したいと思っています」（竹原さん）

町のブランドが〝熟成〟された今、今度は外からの集客に目を向ける——これがインバウンドのあるべきステップではないだろうか。なにも外国人客を行政力で引っ張り込んで、無理やり消費させることがインバウンドではない。

たとえ「何もない町」であろうとも、いくつかの成長段階を経ることで「訪れたくなる町」に変わることができる。事実、大崎町はインドネシア人にとってはすでに「訪れたい町」である。この延長に、大崎町はツーリズムとしての磨きをかけていくことだろう。こうした段階を追った取り組みこそが、インバウンドに求められるアプローチなのではないだろうか。

ところで、この大崎町の取材で、筆者は大崎町に隣接する志布志市有明町の民宿に滞在した。自身がバックパッカーだったという増田禎朗さんが10年にわたって経営する宿は、民宿予約サイト「ブッキングドットコム」での書き込み評価が高く、運営サイトから表彰されたこともある。

筆者が泊まったその日、ほかにも外国からのゲストが来ていた。増田さんは「ＬＣＣの就航に伴い、日本の九州南端鹿児島にもたくさんの外国人が訪問するようになりました。今日はドイツ人２人とマレーシア人２人がいます。前日はタイ人も滞在していました。最近は中国からのお客さんもいます」と語ってくれた。この一帯も、地元の人が知らないところで外国人客が訪れる町に変化していたのである。地元の人々が、町を挙げてのインバウンド事業に取り組むのももう間もなくのことだろう。

他方、行政側は大隅半島における広域観光に取り組もうとしている。２０１６年には官民連携日本版ＤＭＯという枠組みを打ち出し、観光地づくりを戦略的に進める民間主導の組織の形成に向けた観光会議も始まった。もちろんこの中には大崎町も含まれている。

その第一歩は、旅人目線で町を見直すことから始まるだろう。まずは案内板の整備が必要だ。どこに何があるかを示す看板の不足は、初めてこの地を訪れる旅人にとっては不便そのものだ。夜になれば町は漆黒の闇に沈み、看板の文字の判読も難しい。ましてや外国人客にとっては英文表示がなければ、目的地にたどりつくことは容易でない。田舎道は目印となる建物が少ないので、この点への配慮は欠かすことはできない。

リサイクルにふるさと納税、そのホップ・ステップはいよいよ「ジャンプ」の段階である「インバウンド」に入る。それは大手チェーンの誘致でもなければ、巨額を投資したハコモノの建設でもない。〝身の丈〟を知る大崎町ならではの、手作り感あふれる観光地づくりを期待したいところだ。

CASE 6

「多くの訪日客は要らない」――限定したマーケティング戦略で取り組む愛媛県内子町

「外から人を呼び込まなくては」が課題に

第9章（PART1）で中国人は一様ではないことを述べた。筆者がこれを強調したのは、インバウンドに関心のある自治体や事業者には、「どの部分の中国人」に来てもらいたいのかという〝焦点を合わせる作業〟が必要だと認識しているからだ。

自治体によってはクルーズ船に乗って押し寄せる中国人客を歓迎し、訪日客の数値目標を追うことが使命だと思い込んでいるところもあれば、その反対に中国人客をターゲットから外すところもある。だが、いずれも「中国人客」を一括りにしている点で〝ベストなマーケティング〟だとは言い切れない。

筆者はアジア・ビズ・フォーラム（以下、AbF）という団体を主宰しているが、近年は、その重点を日本の地方創生とアジア市場をリンクさせるという活動にシフトさせている。アジアの中でも重視するのは「中国人マーケット」だ。確かに「爆買い」という極端な消費現象を生み、依然としてマナー問題が潜在するにせよ、この市場は決して軽視できるものではないからだ。

団体客ではなく個人客

ここで取り上げるのは愛媛県の中部に位置する内子町だ。松山空港から車で1時間は掛かる山間部で、一般の観光客が訪れるには必ずしも便利とはいえない立地にある。逆に言えば、都会との隔絶が内子町の魅力である。観光地化されていない〝手つかずの自然〟こそが内子町の宝物だといえるだろう。

また、内子町には文楽小屋を中心にした固有の歴史・文化が残る。100年続く「内子座」は、今なお〝生きた芝居小屋〟で、年間50回を超える催しが行われている。内子町出身の文化人もいる。ノーベル文学賞を受賞した大江健三郎氏で、代表作の『万延元年のフットボール』は内子町大瀬が舞台となっていると言われている。

一方、静かな山里を襲うのは人口減少だ。子どもの数は減り、「廃校」というニュースが町民の心に暗い影を落とす。人口1万7000人のうち、65歳以上の高齢者は35%以上を占める今、外から人を呼び込むことは、町にとっての喫緊の課題となった。

内子座で法被を着て記念撮影する外国人客

その内子町は欧米からの観光客が静かに目を向けており、内子自慢の古い町並みには逍遥を楽しむ欧米人の姿がポツポツと見られる。内子町長の稲本隆壽さん（66歳）が「欧州からの長期滞在者が増えている」と言うように、この内子町もインバウンドの潮流と無縁ではない。しかし、いくら外国人客に来てほしいといったところで、「ドッと来られても人口の少ない内子町は対応できない」（同）のが実情だ。

もし内子町がアジアに目を向け、中国からも人を呼び込もうと考えるのなら、目を向けるべきは中国からの団体客ではなく、個人客である。個人客でも「何もない田舎でも満足できる知的好奇心の高い層」が内子町には合っているのだといえる。一言でいえば、中国の〝知識階級〟の人々だということだ。

では、中国のエリート層を惹《ひ》きつけるにはどうすればいいのか。内子町のよさをアジアの外国人に知ってもらうための方法はいくつかある。最も有効なのはアジアの各地に事務所を設けて観光ＰＲに予算を割くことだろうが、残念ながら、小さな町にそこまでの余力はない。

とすれば、まずは「日本在住中国人のインテリ階級」へのアプローチだろう。まずは彼らに内子の存在を知ってもらうのだ。彼らはすでに日本のメジャーな観光地を訪れており、「次なる目的地」に高いアンテナを張っている。もし彼らが気に入ってくれれば、「微信《ウィーチャット》」という通信アプリを通して情報は拡散されるだろう。拡散される先はやはり、彼らと同じ層に属する意識の高い中国人たちだ。

在京の中国人たちとマーケティング

しかし、訪問してもらうには少なくとも「土地の名前を聞いたことがある」という経験値があることが大前提になる。実際にその土地を訪れるのは第２ステップだ。

２０１６年秋、ＡｂＦは内子町の観光ＰＲのために、実際に東京在住の中国人たちを招いて意見交換の場を設けた。日本の地方創生とインバウンド、あなただったらどうしますか――と投げかけると、中国人ゲストたちは事前に内子町を研究し、真剣に考え参加してくれた。

まさに一言で中国人とは括れない、その多様性を見た瞬間だった。本当の意味の富裕層とは、教育もあり、なおかつ相手の文化を尊重してくれる人々――在京の中国人たちの中には、（当然それも一握りだろうと思うが）真のエリート、真の知識人が存在する。

意見交換の場には稲本町長自らが駆けつけた。稲本町長による観光ＰＲが終わると、彼らは自由闊達《かったつ》に、率直な意見をぶつけてくれた。メガバンクに在職する中国人男性は、開口一番、「通信アプリの『微信』が有効なマーケティング・ツールです」と述べた。

「家の中に固定電話はなくても、みんなスマートフォンを持つ時代、『微信』のユーザーは中国全土で8億人といわれています。名刺交換と同時に『微信』のIDを交換し合うのは当たり前で、ビルの掃除のおばちゃんまでがスマホの『微信』を操作している時代なのです。たとえ隣に伴侶がいても、会話はスマホで済ませてしまいます」（同）

昨今の中国人は、日本人以上に〝スマホ漬け〟なのだ。そして中国人の誰もが「微信」というアプリの中で自分の出来事を発信する。旅行に行けば旅先の風景を、レストランに行けば美食の数々と、身の回りでの出来事を日々アップロードするのだ。

他方、別の参加者からは「古きよき、日本らしい日本が見たいけれど、京都・奈良しか知らない中国人は多い」といった声や、「日本の田舎町を訪れたいが、中国人の間では十分な情報がない」といった指摘があがった。まだまだ、積極的なＰＲの余地があることが分かる。スマホアプリ「微信」を使ってのプロモーションは、この日の交流会で内子町が得た収穫の一つとなった。

その一方で、ソニー本社に技術者として勤務する蔡俊男さんは「日本の地方は、温泉と神社しかないイメージが強い。郷土の味も関心はあるが、地方でもおいしいイタリアンがあってもいいのでは」と忌憚ない意見を述べてくれた。いかに地元の手打ちそばがおいしくても、四六時中それを食べているわけにはいかないというわけだ。旅人が見たいもの、食べたいもの、体験したいものは、常に「古きよきわが町の伝統」とは限らないようだ。

立教大学大学院ビジネスデザイン研究科で特任教授をされていた張輝さんは「研究熱心な内子の農民は優れた農作物を作る」という紹介を聞いてこう提言してくれた。

「内子町は、環境保全型農業としての『バイオマスタウン構想』や『高次元農業』をアピールしているようですが、方向性として中国各地に設けられている農業サイエンスパークが目指すものと重なる部分があります。接点模索の可能性があるかもしれません」

ところで、内子町には「オーベルジュ内子」という1泊2食付きで3万円前後という宿泊施設がある。宿泊ヴィラ5棟には15人しか泊まれない、いわば〝限定〟を売りにしたお宿である。食事へのこだわりはもちろん、客室の明かりは内子産の和蠟燭でとる、という徹底ぶりだ。

この「オーベルジュ内子」は意見交換に集まった中国人ゲストの関心を惹いた。だが、ここが中国人のユニークなところだ。「もっと突き抜けた宿があってもいい」というのだ。上海出身で、日本の大手上場企業に勤務する女性は完璧な日本語で次のように語り始めた。

「どうせやるなら、とことん富裕層向けの消費を狙うのもいいのではないでしょうか。1泊7万円や10万円の宿があってもいい。使う水からして違うというような宿なら、健康志向の中国人も放っておかないはず。食材は内子産へのこだわりはもちろん、『この季節しかない』、あるいは『この10日間しかとれない』などの限定性をうたって集客するのも一つです。私の友人で香川県にはまっている女性がいますが、彼女を魅了したのは期間限定の瀬戸内国際芸術祭でした」

「よさ」が分かってくれる中国人だけでいい

内子町への理解が深まるほど、参加した中国人が抱いたのは、やはり「内子町のよさが分かる人に来てもらわないと意味がない」という感想だった。前出の上海出身の中国人女性も「中国から来てもらうなら、都市部の中間層以上の人」だと言い切る。

温泉もなく、目玉となるような郷土料理にも乏しい内子町は、残念ながら観光地としての十分な競争力があるとは言えない。一般的な観光地体験を求めれば「当てが外れた」ということにもなりかねない。そこは稲本町長自らも理解するところだ。この日、稲本町長は「内子町の固有の歴史・文化を磨いて、世界に訴えるしかない」と熱い思いを語った。〝内子文化〟で勝負というわけだ。

〝内子文化〟とは抽象的な概念だが、恐らくこういうことを意味するのだろう。筆者は旅先でこんな見聞をした。

宿に選んだ「ファーム・インRAUM 古久里来《こくりこ》」では、「旅人を驚かせることが楽しみ」と、常に仕掛けに工夫を凝らすご主人と出会った。ご主人の森永照博さんは筆者に、音の出る木の実「ひょんの実」を吹いてみせてくれたり、地元の人の作品を集めた小さな展示室に案内してくれた。地元の人が自分たちの生活をどんなふうに楽しんでいるか、旅の人にはそんな発見を楽しんでもらいたいのだという。

また、学校の校庭を通り過ぎたとき、遊んでいる小学生が「こんにちはーっ」と声を掛けてくれた。日本では大変珍しいことだ。これができるのはふだんから人との交流の大切さを教えられているからだろう。ちなみに、内子町は人材の育成のために子どもの教育に力を入れている。「町の外から町を見る」という視点を重視し、この20年間で300人近い中・高校生を、姉妹都市のドイツ・ローテンブルク市に送り込んだ。

人間国宝の玉三郎が名演技を披露したこともあるという100年の歴史がある芝居小屋は、

トップスターのみならず、町民一人ひとりにとっての舞台でもある。子ども向け映画の上映や、ピアノの発表会の場としても、今なお「市民ホール」として町民生活の中に生き続けているのだ。１９９０年代には英語劇「マクベス」を上演したこともある。素人の町民が企画し、練習し、本番を迎えたこの作品が物語るのは、町民の意識の高さである。稲本町長はこう語っている。

「町の人々が学べば町が育ちます。遠回りですが、これこそが内子独自の地域文化を育てるための素地になると信じています」

これら無形の取り組みこそが内子町の生き残る道なのだろう。そしてそのターゲットとなるのは一般の観光客というよりも、むしろ「数少ない世界の文化人が内子のお客さん」（同）なのだ。

内子町にはポツリポツリと欧米人の姿が見られる。自然の中、ただ歩くことを楽しむ姿だ。「数は追わない」（稲本町長）とする内子町の、「限定したマーケティング」は、多くの自治体の参考になるだろう。

CASE 7
外国人客も訪れるアニメの聖地、果たしてお金は落ちるのか

映画の〝ロケ地誘致〟は安易な発想か

北海道が中国人必見の観光地になったきっかけは、1本の映画だった。『狙った恋の落とし方。(中国語原題『非誠勿擾《フェイチェンウーラオ》』)』は、馮小剛《フォンシャオガン》監督の作品で、2008年に中国で公開され大ヒットした映画だ。

主人公の秦奮《チンフェン》を演じるのは、名優・葛優《グーヨウ》だ。一夜にして億万長者になった彼は、結婚相手を募集するためにあの手この手を算段する。出会った女性の一人である笑笑《シャオシャオ》には不倫関係の恋人がいるが、その思いを断ち切るために、秦奮とともに日本の北海道に旅立つ――。

あらすじはざっとそんなところだ。葛優のファンも多いことから、多くの観客を動員したが、その一方でこの作品は、中国の人々に道東の美しい大自然を見せつけることになった。

これがたちまち、中国人の間で北海道ブームを巻き起こした。この作品では、夏から秋にかけての北海道が紹介されたが、これが「中国人が北海道に対して抱く〝雪だけのイメージ〟を

払拭した」（北海道観光振興機構の職員）ともいわれている。

2008年に来道した中国人客は4万7400人だったが、それが翌年の2009年には一気に9万2700人に倍増した。こうしたこともあり、北海道は中国人にとって、一つのブランドになっていく。北海道は今や「中国人なら誰もが一度は訪れたい観光地」だが、そのルーツをひもとけばこうした映画のヒットがある。

ちなみに、佐藤純彌監督の『君よ憤怒の河を渉れ』は、中国では『追捕《ツイブ》』という題名で1979年に劇場公開された。この作品は、中国が日本映画一色に染まった1970〜80年代に、全国で何百回と前例がないくらいの回数で上映された。中国のある一定の世代にとって、主演女優の中野良子が北海道の大地を馬に乗って駆け回るシーンは忘れ難いようだ。中国人の北海道への憧れは、『狙った恋の落とし方。』以前から、その素地が形成されていたといえる。

一方で、いくつかの自治体は「中国人客を呼び込むなら、映画のロケ地に選ばれることだ」――という発想を強くした。売り込みに血道を上げる自治体もあった。

しかしながら、「ロケ地誘致」がヒットという形で実を結んだ例はあまり聞かない。実は、映画ヒットによる北海道への中国人客増加という現象も「偶然の要素が強い」という。前出の職員は次のように語る。

『狙った恋の落とし方。』は、たまたま馮小剛監督が北海道に来て映画を撮影した作品で、北海道が誘致をした結果ではありませんでした。のちに同映画に続く作品が企画されたとき、北海道はロケ地誘致に乗り出しましたが、残念ながら〝2匹目のドジョウ〟とはいきませんでした」

北海道に見る成功事例についてはっきり言えることは、これが意図して誘致した結果ではないということだ。

さて、これらの「偶然」に、さらに一つ加えるべき要素がある。北海道の事例においては「打つ手の速さ」がそれである。これには「日本政府観光局の北京事務所長（当時）がこの映画の試写会を見たときに、中国の旅行社に向けた北海道視察ツアーを電光石火でやってのけた」（関係者）というエピソードがある。試写会後、即座に中国の旅行社に北海道を視察させたことが奏功して、「中国発の北海道ツアー」はたちまち人気商品となっていった、というわけである。これには機を見るに敏な個人の「眼力」と「力量」が大きく作用したことが分かる。

北海道は今でこそ年間50万人の中国人客が訪問する人気エリアとなった。だが、映像のヒットだけがこれをもたらしたのではない。それには商機をしっかり取り込む〝機敏なアクション〟が必要だということだ。

飛騨古川に〝アジアの巡礼者〟

映像がきっかけでアジアからの観光客がその土地に関心を向けるというのは、「北海道を舞台にした映画」に限った話ではない。最近は、アニメの舞台となった土地をファンが実際に訪れるという「アニメの聖地めぐり」に、アジアの若者が加わるようになっている。

映画『君の名は。』（新海誠監督）は、２０１６年８月に公開されたヒット作品だ。岐阜県の飛騨古川は、主人公・三葉《みつは》が住む山里のモチーフになった場所といわれているが、〝アジアからの巡礼者〟は後を絶たない。

その巡礼者たちが必ず立ち寄るのが、作品中で主人公の瀧《たき》が利用した飛騨市図書館だ。公開からすでに1年近くが経過したにもかかわらず、毎日何人かが『君の名は。』の展示を行う〝特設コーナー〟に足を踏み入れる。

「日本人を含め、多いときで20〜30人の来館があります。中にはスカーフを巻いたイスラム圏の方もいらっしゃいます」と、図書館の係員は話す。同図書館は外国人客の来館数の統計を２０１７年1月から取り始めたが、６月末時点で実に９４７人が訪れたことが分かった。ちなみに、日本人だけでいえば1万２０４２人（２０１６年9月から統計開始、２０１７年６月末までの数）がこの特設コーナーを訪れたという。

そこには何種類かの関連図書のほかに、自由に書き込めるノートが置いてある。すでに８冊

台湾人客のメッセージ

目（２０１７年６月時点）に入った黒い表紙のノートには、台湾、香港、中国など東アジアのファンの声も綴られている。「私たちは中国・北京から来ました。聖地巡礼の第一歩がここです」「自分の目で映画の情景を見ることができてとてもうれしい」などの言葉からは、この作品が国境を超えて愛されていることが分かる。

聖地巡礼がもたらした商機をものにできるのか

２０１２年、この飛騨市に宿泊した外国人客数は５５５人だったが、２０１３年には２２８５人、２０１４年には３６４７人、２０１５年には５４８９人となった（飛騨市役所）。そして、『君の名は。』が公開された２０１６年は６９８４人が投宿するようになった。この増加は映画がもたらした効果だともいえるだろう。

映像作品のロケ地となり、それがヒットした場合、地元は二つの経済効果を期待することができる。一つは撮影前のロケハンと撮影中の撮影クルーがもたらす滞在費や、道路、商業施設、名所などの許可申請にまつわる収入だ。スタッフが動くだけで十数人、エキストラが何百人規模で動員されれば、「ロケ弁」もさることながらコンビニでの買い物も相当な量になる。もう一つはヒットした後に訪れる観光客がもたらす「観光消費」である。これがアニメとなると、実際の場所を訪れて見比べる「アニメの聖地巡礼」につながる可能性を生む。

『君の名は。』の場合は、公開前に地元がロケに関わった事例ではないので、期待できるのは後者に見る経済効果だが、古川の町はこの商機をどう取り込んだのだろうか。

飛騨古川の土産屋では『君の名は。』の絵柄をとった土産菓子が売られていた。だが、販売者名に刻まれていたのは岐阜県外の住所。商品開発をするのは、飛騨古川とは何の縁もない東京の菓子製造・販売会社だった。全国の土産は大抵こうした業者が開発し、本当の「地元名産」はごく限られた少数であることがうかがえる。アニメでご当地が注目されても、それを商品化するには版権が絡んでくるため、地方の中小の事業者は版権の取り扱いの複雑さと高額な版権料にお手上げとなってしまう。

その一方で、知恵を絞って商品開発を行った企業もある。地元の蓬莱《ほうらい》蔵元の渡辺酒造店が開発した「聖地の酒」がそれだ。作品中で、口で噛んだ米がお酒になるという「口噛み酒」が登場するが、商品はこれに着想を得、あえて『君の名は。』とうたわずに販売にこぎつけた。もちろん、実際に口で噛まれた酒ではないが、作品のモチーフとなった気多若宮《けたわかみや》神社の正面で収穫された酒米「ひだほまれ」を原料にするなどのこだわりようだ。

また、飛騨古川駅前に立地する飛騨古川スペランツァホテルでは、フロントに「聖地の酒」

を置き、チェックインの客に一献振る舞うサービスも行っている。エントランスにも主人公・三葉のイラストを描いた黒板を置き、しっかりとファンの心をつかもうとしている。こうした小さな演出が、宿泊客に大きな好感をもたらしていることは間違いない。

古川町商工会が経営する「飛騨古川さくら物産館」では、「くみひも体験」が行われている。くみひもは「糸を繋げることも結び、人を繋げることも結び」という名台詞とともに作品中の重要なアイテムに位置付けられており、筆者が取材の電話を入れた日には「香港からの取材クルーがくみひも体験を撮影しているところ」(物産館従業員)だった。〝きっかけ〟を商機に取り込めるかはそれぞれの事業者の知恵と工夫次第だということだ。

さて、『君の名は。』のもう一つの重要な舞台となるのが作品中に出てくる「糸守湖《いともりこ》」だ。これは長野県の諏訪湖からイメージしたものとも言われている。映画に出てくる糸守湖と諏訪湖を見比べると、同県出身の新海誠監督が諏訪湖に着想を得たことは一目で分かる。

公開からすでに時間がたつが、今なおその諏訪湖を訪れるファンは後を絶たない。諏訪湖サービスエリアの職員からは、次のような話を聞いた。

「作品中のキーワードにもなった〝カタワレ時(夕暮れ時)〟になると、諏訪湖を見下ろせる立石公園に人が集まるんです。この春休みも学生たちが全国から多数来ました。中には『お金がないから』と、東京からここまでヒッチハイクでたどりついた学生もいます。もちろん外国人客もいました、台湾から来た人が目立ちましたね。

経済効果ですか？　難しいですね。アニメファンのほとんどが、日本の若い子が中心ですから。宿にも泊まらず日帰りで、土産に至ってはライセンスの問題で開発できないとなると、いくらアニメの聖地になったとしても、消費には結び付かないのが現状ではないでしょうか」

ブームは一過性

それでも、テレビや映画など〝映像の力〟を過小評価することはできない。北海道小樽市のJR函館本線が走る朝里駅は、オムニバス映画『恋愛中の都市（中国原題「恋愛中的城市」）』中の「Honeymoon（蜜月）」をここで撮影したことから、公開された2015年8月以降、大挙して中国人客が押し寄せるようになった。

また、佐賀県の祐徳稲荷神社はタイ人客の姿が目立つようになった。2014年、祐徳稲荷神社などでロケが行われた映画『タイムライン』がタイで公開されると、にわかにタイ人が佐賀の〝稲荷詣で〟を目指すようになったのだ。過去には秋田県に韓国人がどっと押し寄せた。韓国で2009年に放送された人気韓国ドラマ「IRIS–アイリス–」のロケ地となったためだ。しかし、ブームはいずれ終わってしまうのが運命のようだ。国際観光に詳しい専門家は次のように語る。

「秋田県の田沢湖では、かつて日本人が韓国の田舎に押し寄せたのと同様の〝逆・冬ソナ現象〟が起きました。韓国ドラマ『アイリス』の舞台の田沢湖に、韓国人ファンがこぞって訪れたまではよかったのですが、2010年をピークにスーッと消えてしまいました。人々が目を向けるブームの最中に、かまくら・花火・なまはげなどの秋田名物を印象付ける〝次の一手〟を打てればよかったのですが……」

ロケ地ブームは一過性のものだ。だから、ブームとなったそのときに、地元は「いかに継続して来てもらえるか」を意識してコンテンツづくりやPRに知恵を絞らなければならない。

飛騨古川でいうならば、『君の名は。』のブームが去った後、いかに国内外の観光客を惹《ひ》きつけるかが課題となる。実は、飛騨古川にとってはこれが2度目のチャンス到来だった。2002年4月からNHKの朝ドラで放映された『さくら』、舞台となった飛騨古川には熟年層が訪れ、地元消費が潤ったこともあるが、そのブームも今は消えた。若者が主流で消費喚起にも結び付きにくいのがアニメの支持層だが、これをどう古川につなぎとめるかは一つの課題である。

その飛騨古川が目下取り組んでいるのが、台湾からの誘客だ。「雪景色と『君の名は。』をセットにして、現地の旅行代理店にアプローチしているところです」と飛騨市役所観光課の職員は話す。台湾からの誘客ならば、地元に宿泊費も落ち、飲食や土産品などの消費で古川が潤う可能性もある。

また、2017年2月、飛騨市は岐阜県下の8市町とともに「ぎふアニメ聖地連合」を発足させた。飛騨市の『君の名は。』以外にも、岐阜県には岐阜市を舞台にした『ルドルフとイッパイアッテナ』、大垣市を舞台にした『聲《こえ》の形』などの作品がある。これを機会に、ファンのもてなし方や集客法を各市町村で研究していくのだという。

「東京や大阪で飛騨古川のPRチラシを配ると、『あのアニメの舞台だ』と言って、チラシを受け取ってくれる方が増えました。従来は、『高山を訪れたついでに古川を』といった感じの訪問でしたが、今後はアジア客に向けてもPRし、古川を主目的に訪れるお客さんを増やしていきたいと思っています」

映像効果で地元が脚光を浴びるのはほんの一瞬のこと。脚光を浴びているその間に、地元の魅力を発掘し次の発信に結び付けられるかが、本当の意味での勝負どころとなる。

CASE 8

訪日客4000万人計画の功罪、飛騨高山——大挙する外国人客で失うもの

飛騨高山はどこに向かう？　町の人々の危機感

訪日客の誘致で一躍注目を浴びた岐阜県の高山市。木工を除けば大きな産業もない高山市の、観光地を目指した取り組みは早い。１９８６年に国から国際観光モデル地区に指定され、それからさらにさかのぼる１９７１年には集落博物館「飛騨の里」がオープンし、多数の観光客を集めた実績がある。

その高山市は今や年間42万人の外国人客が訪れる人気の観光都市となり、インバウンドに奔走する地方の各市町村が羨望の視線を注ぐほどに成長した。

筆者も幼少の頃からたびたびこの地を訪れていたが、近年の高山の変貌には驚くものがある。

名古屋から「特急ワイドビューひだ」で約2時間半、ＪＲ東海の高山本線高山駅の駅舎と駅前は整備により一新され、街中にはマックカフェやスターバックスが出現していた。三町（さ

んまち。高山市の重要伝統的建造物群保存地区で、上三之町、上二之町、上一之町、片原町、神明町4丁目を含む区域）といえば、かつては普通の古民家が大半で、ひっそりと和蠟燭や地場の工芸品で生計を立てる店が点在するにすぎなかった。それが今では、しゃれた喫茶店や土産物店が軒を並べるような〝ストリート〟に大変身、昔あった細い路地の静かなたたずまいは、外国人客の楽しい散策スポットに取って代わるようになった。

旅行離れの進む日本の若者に代わって、世界中から観光客がこの町にわざわざ足を運んでくれているのは有り難い話だが、果たして高山の町はこの先、一体どこに向かうのか――そんな疑問が筆者の頭から離れなかった。

筆者がこうした疑問を抱く以上に、地元の人々は敏感にこの変化を感じ取っていた。よく耳にしたのは「高山市内に古い町並みがあるが、そこで商売する経営者は飛騨の人ではない」という指摘だった。市内を流れる宮川沿いに住む女性はこう語る。

「豆菓子、蜂蜜、肉まん――どこの観光地に行ってもあるような物産や店が、近年この三町に次々とオープンするようになりました。特にお金のある企業の出店の勢いは強くて、古い町並みの物件が丸ごと買われていくかのようです。古民家は地元民の所有ではなくなるし、更地にはホテルが建つなどの噂もあり、町の将来がとても心配です」

人の集まるところに資本力のある企業が参入してくるのは、市場の原理ともいえるだろうが、地元経済にもたらされる影響は避けることができない。クルーズ船が寄港する那覇の国際通り商店街では、全国でチェーン展開する安売り業態が進出して商店街の土産物客をひと飲みにし、横浜の中華街では、ゲームセンターや水族館など「中華料理」とは縁のない店舗の進出で、「本場の味」を求めにくくしてしまった。

活性化という点からすれば、那覇も横浜もにぎわいは維持されている。那覇の国際通り商店街は「空きビルに大手量販店が入ってくれて一件落着」という一面があり、また横浜の中華街では、外からの資本進出が「後継者不足に悩む中華料理店」を危機から救い出し、人が集まる街として存続させているという一面がある。

高山はどこを目指すのか

確かに一定の経済効果はあるが、那覇や横浜はその代償として「地元ならではのよさ」を失いかけている。その土地を愛するコアなファンからすれば、失望せざるを得ないのだ。

話を高山に戻せば、外からの資本の進出に行政も手をこまねいているのが実態だ。

「高額な家賃でも借りてくれるので、家主は古民家を貸してしまう。問題性はあるだろうが、規制する方法がない」（飛騨・高山観光コンベンション協会）

目下、国を挙げての「観光促進」だが、「観光地化する」ことは負の効果も伴う。観光地化され便利になる一方で、「その土地の本来のよさを求める旅行客」が背を向けてしまうことだってある。高山の町もまさに「一歩間違えば俗化の道をたどる」といっても過言ではない。

白川郷も「俗化」との闘い

岐阜県北西部の「白川郷の合掌造り集落」は、1995年に世界遺産に登録された〝生きた生活の場〟だ。かつては交通も不便な山間部の秘境だったが、2000年以降に東海北陸自動車道が開通し、今では高山市内から車で1時間ほどで訪れることができるようになった。2008年にミシュランの評価員が白川郷に「三ツ星」を与えたこともあり、国内外から年間180万人を集める一大観光地となっている。

しかし、これだけの人が訪れれば、当然、村は変化する。一般の観光客には分からないかもしれないが、白川郷の変貌ぶりは地元の飛騨地方一帯にも伝わるところだ。「あの村は観光ズレしてしまった」「人情味などすっかり薄れてしまった」という話を筆者もたびたび耳にした。

実際、この地を訪れてみると、噂は「さもありなん」と感じた。観光案内所は「これを見れば分かります」とマップを差し出し、ガラス戸をぴしゃりと閉めた。筆者の質問は「また同じ質問か」と思わせたのかもしれない。毎回、同じことを尋ねられれば、答える側も飽きが来る。

昼食で立ち寄ったそばを出す店は、昼どきとあって外国人客であっという間に席が埋まった。カタコトの日本語で注文しようとする外国人客に、店主は「ちょっと待ってください！」と冷たく一言を放った。たった一人で切り盛りする店主も人が大勢来れば、気が動転してしまうだろう。現場は「心の込もったサービス」どころではない。

高山市内に住む女性は、白川郷でこんな経験をしたと明かしてくれた。

「白川郷で『干しいちじく』が売られていたのですが、明らかにトルコ産なのに店主は『ここで採れた』と主張しました。地元産といっておけば売れるという心理もあったと思います。商売上手になってしまったんだなあ、と残念な気持ちになりました」

最近は、「白川郷インターチェンジ」そばでの大型ホテルの建設が物議を醸した。「村民の猛反対にもかかわらず、建設を後押しした白川村」に対して、マスコミも黙ってはいなかったが、結局工事は進められた。

昭和40年代から住民は「売らない、貸さない、壊さない」のスローガンを掲げ、地区の景観を守ってきた。村の1582人（2017年）の人々は今なお、庭の木1本切り倒すにも申請が必要だという「制限」の中で、生活を送っている。

一方で、村には「景観保全」だけで生きていけるのか、という懸念がある。ただでさえ少ないその人口も今後はさらに減少し、財政難は避けられない。

ホテル建設は、「せめて観光消費を増加させたい」という動機から村役場が誘致を行ったものだった。約100人が泊まれる施設ともなれば「雇用を生む場にもなる」と白川村役場の企業誘致対策課の職員は話す。

白川村は日本の縮図だといえるだろう。「美しい日本」は何物にも代えられない財産であるにもかかわらず、これを〝売り物〟にしなければ国の存続が危ぶまれるのだ。どの観光地も同様のジレンマとの葛藤であることは想像がつく。

「村ならではの魅力」なのか、それとも「経済効果」なのか。ありのままの姿を離れ、「観光地化している、俗化している」との指摘もある中で、白川村は難しい舵取りを迫られている。

増える外国人客、身の丈に合わず

安倍政権はインバウンドを成長戦略の柱に据え、「観光立国化」を急ピッチで進めようとしている。従来は年間の訪日外国人観光客誘致を「2020年に2000万人、2030年に3000万人」としてきた目標だったが、2016年3月に「2020年に4000万人、2030年に6000万人」と、その数値目標を倍増させた。

政府は目標数値を達成するために、最大母数を成す中国人客の誘致にさらに力を入れるだろう。実際に現段階でも、お客を運んでくる中国の航空会社や、お客を連れてくる中国の旅行社を助成金でサポートするなど、あの手この手で中国人客をかき集めているのである。

〝かき集め〟は弊害ももたらす。中国に関していえば、個人旅行の自由度は100％緩和されていない。そのため、日本政府からビザの発給を受けるには、必ず日本からの招聘状（招へい理由書）が必要になる。この招聘状を発給するためには、日本の旅行会社が旅行者を個別に身元保証しなければならないが、「実質これがおざなりにされている」（旅行業界の重鎮）のが現状だ。また、招聘状を発給するには旅行業者の資格が必要だが「資格のない中国系を含む民族資本系の旅行社が、招聘状を乱発している」（同）ともいう。この状態を中国の日本国大使館・領事館が知らないわけがない。しかし、ルールに忠実に行えばビザ発給が追い付かないのだろう。多少のことはお目こぼし、というわけだ。こうした例からも、いかに政府が〝目標数字の達成〟しか見ていないかが分かる。

一方、高山にはこんなエピソードがある。かつて、高山市に「1万人規模の団体客を送客したい」と中国の観光関係者から打診が入ったことがある。そのとき、高山側は「一度にそんな大人数は受け入れられない」と断ったという。これは数字に流されない高山市の英断である。これがあるから、今の飛騨高山があるといってもいいだろう。市内の飲食店経営者も、その当時をこう振り返る。

「そもそも高山の町は小さいし、受け入れのキャパシティーはないんです。いくら何でも無理ですよ。たくさんの観光客には来てもらいたいけれど、高山の身の丈には合いません」

4000万人計画で失うもの

高山市の人口は約8万9000人（2017年6月時点）、三町《さんまち》の面積は4・4ha足らず、そんな高山市のサービスを提供する人や宿泊施設の客室数などを考えれば、「一度に1万人の受け入れ」などは到底無理だろう。しかし、政府の掲げる「2020年までに年間4000万人」という誘致計画で、早晩それに近いことが起きる可能性は否定できない。実際、行政側も4000万人という錦の御旗のもとに、今後も積極的な受け入れを行う姿勢を崩さない。

仮に大挙して外国人客が押し寄せたら、飛騨高山はどうなるだろう。それこそ高山ならではの「おもてなし」が追い付かなくなることは目に見えている。

数年前に島根県から高山に嫁いだ30歳代の女性が、高山の魅力を「町全体にあふれる『お客さんをもてなそう』という雰囲気にある」と評価するように、ここを訪れる誰もが「喜ぶ人がいるならそれに応えたい」という飛騨の人々の〝打算のないやさしさ〟に魅力を見いだしている。

だが、大挙して外国人客が押し寄せるようになったその日には、こうした無形の財産も一気に失われてしまうだろう。サービスは機械的になり、それが評判を落とす悪循環は、すでにメジャーな観光地でも経験済みのことだ。

「飛騨高山はこの先どうなってしまうのか」――この不安は、住民や地元事業者の偽らざる本音である。

「京都のように観光客でごった返すのも高山らしくないだろうし、内外の観光客も飛騨高山に対して京都や奈良のような観光地を求めていないはず」(宿泊業者)

「いくら市を挙げて世界的な観光誘致を行っても、この土地に魅力がなくなったらその先はない。どこにでもある観光地になり下がり、『つまらない町』と言われたら、飛騨高山はそれ

で終わってしまう」（市内在住の主婦）
「世界各国、五輪後の景気悪化で苦しんだ。東京五輪までは観光客も増えるだろうがその後は？　このままではいけない。どこかでブレーキをかける必要がある」（会社員）
〝飛騨ブランド〟は飛騨牛だけを指すものではない。人情であったり風情であったり、こうした形なき財産をも内包するものだ。そのブランドをどう守るのかは、飛騨地方の住民、インバウンド事業者、そして行政に課された最大のテーマだ。
観光地はさみしすぎてもダメだが、かといって盛り上げ方を間違えてしまうと、魅力も薄れる――。現政権がぶち上げる「4000万人誘致計画」はこうした弊害と背中合わせのリスクがある。

CASE 9

インバウンドは国民外交――富士山を愛した外国人と静岡県小山町の密接な連携

「PART2」の最後に紹介する事例は、富士スピードウェイ」で知られる小山町（静岡県駿東郡）を拠点にした取り組みだ。静岡県の最北東部であり富士山の東山麓に位置する小山町は、ここ数年で訪日外国人観光客が増え、目下、海外との継続的なスポーツ交流に目を向けている。そのきっかけはこの町に投下された台湾資本。町長の込山正秀さん（69歳）は次のように評価している。

「人口1万9000人の小山町は、日本人だったら素通りしてしまうような小さな町です。町内の東口本宮富士浅間神社前には、富士登山者のための昔ながらの旅館街がありますが、今となっては後継者問題もありその経営環境はなかなか厳しい。そんな小山町に台湾人の経営者が投資をしてくれた意義は小さくありません。折あるごとに町の人たちには『薛《せつ》さんとうまく商売やれよ』と呼びかけています。薛さんのように地元の人間になり切ってくれる存在は有り難いものです」

小山町と台湾が手を携えるようになったきっかけは、プロ野球・西武ライオンズで活躍した郭泰源選手の通訳を務めたこともある台湾出身の薛森唐《せつしんとう》さん（60歳）の投資による。彼は西武グループでのホテルマン生活に区切りをつけると、売りに出ていた保養所を買い取り、富士山のすそ野の小山町を舞台に本格的なホテル経営を始めたのである。時は2005年、日本ではアジアからの訪日旅行客が急増し始めていた時期である。

インバウンド・ビジネスで長年のキャリアを持つ薛さんにはすでに勘所があった。「訪日アジア客にとって最大の観光名所は富士山だ」――と日本人さえ振り向かなくなった富士山の魅力をアジア人客向けに掘り起こしにかかった。〝インバウンドの黎明期〟にあった日本で「富《ふ》士之保華園《じのぼうかえん》ホテル」を開業すると、薛さん自ら日本のインバウンド業界を牽引すべく、その先頭を走り始めた。

富士山に徹底的にこだわったホテルづくり

アジアからの訪日客に評判だというこのホテルを聞きつけ、筆者が初めて取材に訪れたのは

２００９年の暮れだった。「台湾人社長が手掛けるホテルといえば相当な〝豪華版〟なのでは」と、当時筆者は想像をたくましくして現地を訪れたが、案内された客室は「とてもシンプル」——。内心、拍子抜けしたことは今でも覚えている。

　青い畳に白い布団、窓際に掛かった素朴なカーテン、そして天井からぶら下がる昔ながらの蛍光灯——。〝豪華客室〟とは対照的な〝徹底的に無駄を排除した客室〟であり、「６畳一間」（正確には押し入れを取り払い７・５畳に拡張）の客室が、全１５８室中１３０室を占めているホテルだった。日本人の視点からすると質素すぎると思える客室だが、薛さんは「要点さえ押さえていれば、すべてを贅沢にする必要はないのです」とその戦略を明かしてくれた。

富士山をバックにたたずむ薛さん

　質素な客室を相殺して余りある効果を引き出すのは、窓から見える雄大な富士山の姿だ。アジア客が求めているのが「富士山」であるならば、これを借景とし最大限に演出すれば満足度を高めることができる。

　その一方で、薛さんはこのホテルの開業に当たり、買い取った保養所を大胆にリノベーションした。外国からの宿泊者を出迎えるにふさわしい豪華なエントランスと広いロビー、1万1000坪の庭園には池もつくり、ここに吟味して選んだ167匹の錦鯉を放った。この庭は今でも観光客に人気の撮影スポットになっている。

館内の演出にはさらにこだわった。富士山の眺望をさえぎる敷地内の樹木は伐採し、湯煙の立つ浴槽や磨き上げられたダイニングのテーブルにも「逆さ富士」が浮き上がるように工夫を凝らした。そして、「贅沢三昧な食べ放題」にも力を注いだ。寿司・天ぷらはもちろん、アジア客の出身地である台湾、中国、香港、韓国、タイ、マレーシア、シンガポールなどの地元料理も取り入れ、メニュー開発だけで1年を費やした。同ホテルは「カニの食べ放題」や「対面での牛の鉄板焼き」をバイキングメニューに取り入れた〝元祖〟でもあるという（筆者注＝カニの食べ放題は当時、北海道では行われていた）。

これらが、薛さん流の「アジア客向けおもてなし術」だった。前職で身に付けたホテルマンとしてのサービス精神と〝日本人にはない勘所〟により、開業当初からガッチリとアジア客をつかみ、小山町へと誘ったのだ。

80年代からインバウンドを先取り

薛さんにとってのインバウンド・ビジネスは、1987年、サンシャインシティプリンスホテル（東京都豊島区東池袋）への入社と同時にスタートした。当時を回顧するのは、薛さんと一緒に営業部に所属していた田名網久義さんだ。元部下である薛さんを今でも「せっちゃん」と親しみを込めて呼ぶ田名網さんは、「ホテル営業はいつも、せっちゃんと二人三脚でこなしてきたんですよ」と振り返る。

サンシャインシティプリンスホテルは１９８０年の開業以来、「アジアからの観光客を積極的に受け入れる」という、同業他社とは違う戦略を持っていた。その背景には「地上38階建て、１１６６室」という〝圧倒的な客室数〟がある。

「この途方もない客室数は、とても日本人客だけでは埋められません。何としても外国から3割を引っ張ってこなければ、安定的なホテル運営は維持できない状況でした。そんな危機感を抱いていたとき、西武ライオンズのエース・郭泰源の通訳を務めていたせっちゃんが、ライオンズからサンシャインプリンスホテルに送り込まれてきたのです。慶応大商学部出身のせっちゃんは、プリンスチェーンとしては初めての外国人採用でした」（田名網さん）

入社した薛さんを迎えたのはインバウンド事業だった。「せっちゃん、俺たちでアジア客を取り込もう」と事業のテコ入れを始め、田名網さんは香港を担当し、薛さんは台湾を担当した。

「せっちゃんが台湾の旅行代理店にセールスで訪れたときは必ず、台湾球界でも大スターだった郭泰源投手のサインボールを手土産として持って行ったのです。せっちゃんは若かったにもかかわらず、気配りが日本人以上にすごかった」(同)

そして2005年、機が熟したと悟った薛さんは、18年間勤続し宿泊営業部の副支配人まで務めたサンシャインシティプリンスホテルを退社、台湾の名士複数名から募った資金を元手に旭立株式会社を設立し、「美華グループ」として富士之堡華園ホテルを開業したのだ。

「独立後は、自分を育ててもらったプリンスホテルに決して恥をかかせるようなことがあってはならないと、それだけを自分に言い聞かせてきました」と薛さんは語る。日本でのサラリーマンとしての下積みと、日本人社会に受け入れられようと努力し認められた実績が、その後の薛さんに多くの理解者や協力者をもたらした。

年間8万人の訪日客を集客する地元大手企業に

2005年にホテル事業をスタートした薛さんに12年の歳月が流れた。筆者にとっても2009年の現地取材から、足かけ9年が経過している。この間の空白を埋めようと、筆者は再び薛さんを訪問した。

そこには、富士山を語り出したら止まらない、相変わらずの薛さんがいた。「ほら見て、雪をかぶった富士山、きれいでしょう」「これはホテルの庭。もみじを29本植えたんだよ」——そう言って薛さんはスマートフォンで撮影した画像を見せてくれた。薛さんは心の底から富士山と富士之堡華園ホテルを愛しているのだ。

同ホテルは、今では年商8億円に成長していた。地元の小山町からすれば、観光面においても税収面においても、寂れていた町を蘇生してくれた救世主でもある。２０１３年、静岡県内の外国人宿泊者数は浜松市の17万人に次ぎ、小山町が８万８０００人と2位に躍り出た。ほかでもない、年間8万人を集客する富士之堡華園ホテルによる貢献が大きい。

小山町にとって薛さんは欠かせない存在であり、薛さんにとっては富士山という絶景を提供してくれる小山町は、なくてはならないパートナーだ。その密接不可分な関係を土台に現在、薛さんは〝小山町と台湾の交流〟という、新たな活動に乗り出している。

２０１６年10月1日、日本とイタリアのスポーツ交流の一環として「ふじあざみライン」で自転車によるヒルクライムレースが開催された。実行委員会は小山町におかれた。このとき薛さんは「台湾も自転車レースが盛んだから、小山町との間で何かできるはず」とひらめいた。

台湾には世界最大の自転車メーカー「ＧＩＡＮＴ《ジャイアント》」があり、独自の自転車文化が花開いている。「台湾自転車レース協会」の協会長とパイプがある薛さんは早速、小山町との交流のつなぎ役を申し出た。すると翌年には込山町長による台湾自転車レース協会長・董俊仁《ドンジュンレン》さんの表敬訪問が実現し、とんとん拍子に「台湾-小山町合同自転車レース計画」が稼働を始めた。開催は2017年秋を予定している。

60歳の薛さんには、もはや利益だけを追い求める姿はない。こうした交流事業はその一端を物語るものだ。また、地元の雇用を常に意識し、親子二代での採用や夫婦での採用など、働き方に応じた対応を柔軟に行っているのも「地元優先」の表れでもある。すでにホテルで利用する米や野菜などの食材は、地域経済に貢献できるよう、できる限り地場から調達している。

インバウンドは国民外交だ

その薛さんの目に映る日本のインバウンドは決して好ましいものではない。「今の日本は〝消費による経済効果〟だけに目を奪われているかのようだ」という。「二言目には経済効果」を掲げる日本のインバウンドは、民間交流の意義から軸足がズレてしまった感がある。

「インバウンド・ツーリズムとは、外国人旅行客をただ受け入れることではありません。あるいは、モノを売ることでもありません。来てくれる訪日客にいい思い出やいい印象を与えることこそインバウンドの真骨頂。ひいてはこれが国民外交にもつながっていくのです」

その一方で、こうも語る。

「日本に来た中国人はますます日本人を好きになるが、中国人を迎えた日本人はますます中国人を嫌うようになる——今の日本のインバウンドには、こうした傾向があることは否めません」

インバウンドは国民外交だ、と信じる薛さんが目下、取り組んでいるのは「社員教育」だという。富士之堡華園ホテルには約50人の従業員が勤務しており、そのうち約9割が日本人だ。その日本人従業員は、アジアからの訪日客を迎えるこのホテルで、日々さまざまなトラブルに直面している。館内のタバコのポイ捨ては日常茶飯事で、吸殻は掃いても掃いても、なくなることはない。せっかく取り替えたカーペットにはすぐに焦げができ、客室内の障子や襖は張り替えてもすぐに破られてしまう。

こうしたことが日々繰り返されれば、日本人従業員もたちまち疲弊してしまうだろうが、薛さんはこう考えている。

「訪日宿泊客の〝悪い癖〟を見て嫌になってしまうのは仕方ないこと。特にマナー問題に敏感な日本人からすれば頭の痛い問題でしょうが、それでもお客様は悪くないと私は考えます。吸殻にしても『文句を言わないで寛大な気持ちでこれを理解してほしい』と、私は繰り返し従業員に伝えています。こまめに掃き清め環境をきれいに保てば、いつかはお客様に分かってもらえる日が来るのです。まずは外国人を好きになること、私はこうしたマインドが国民外交の原点になると信じています」

「いずれ分かってもらえる」と希望を持つその背景には、「新興国の成長のスピード」があるという。中国では、国民教育に相当力を入れるようになっている。中国政府は中国人客の海外でのマナー問題を重く受け止めており、すでに改革に乗り出しているのだ。バイキングを扱う飲食店で「食べ残しは罰金」と警告したり、公共の場所で「禁煙」の札が下がるのはその表れだ。また、中国政府が国民の海外旅行を促すのは、海外に学ばせようとしているためでもある。海外の空気を吸って帰ってきた国民は、必ず精神的な成長を遂げると期待しているのだ。薛さんは語る。

「アジアの人々の〝追い付くスピード〟、その速さに注目してほしいのです。目の前のトラブルも、早晩過去のものになるでしょう」

受け入れだけがインバウンドではない

インバウンド・ツーリズムを〝価値ある喜びの創造〟と定義するならば、問われるのはこれをどう持続可能なものにし、どう高めていくかだろう。

「地元との密接な連携――これを抜きには語れません。大事なのは地元のイベントと結び付けてインバウンドを発展させることです。民間企業が単独で臨むのはとても難しく、自治体の支援は欠かすことができないからです」（薛さん）

一方で、「観光立町を目指す小山町だが、町の行政だけでそれを実現することは難しい」と込山町長は語る。今、必要としているのは官民の相互協力であることは間違いない。そして薛さんは今、「受け入れだけに終わらないインバウンド」に向けたチャレンジが必要だと説く。インバウンド一筋、30年のベテラン・薛さんは最後にこう語った。

「台湾と小山町、官民一体となった継続的なスポーツ交流と姉妹都市交流がそれです。実際、小山町と台湾の自治体が関係の締結に動き出しています。互いの往来が始まれば、この延長上にはきっと新しい取り引きが生まれ、それぞれの地に活性化がもたらされるでしょう。〝交流〟とは決して〝ワンウェイではない〟のです」

インバウンドの事業に取り組む外国人で、地元自治体に溶け込んでいるケースはそう多くはない。近年、目立つのはホテル投資を不動産投資としてしか見ていない〝ホスピタリティー・ゼロ〟の外資事業だ。一部の外資は、宿も庭も手を掛けない〝徹底した低コスト経営〟で、地元経済に根を下ろさないどころか、利益が見込めなければ撤退し、さっさと手仕舞いするところもある。

そんな中で、富士山に魅せられ、自身の生涯をアジア客のためのインバウンドに捧げた薛さんの取り組みは、特筆する価値がある。その土地を愛してくれる外国人、そして受け入れる自治体、その両輪が回転して初めて「あるべきインバウンドの形」にたどりつくのではないだろうか。

おわりに

この原稿を書き終えてなお言い足りないことがあるとすれば、それは旅する人を「財布」としてしか見ていない日本側の残念な態度である。もちろん、訪日外国人客がもたらす観光消費は欠かすことのできない日本の貴重な財源だろうし、その必要性は十分に理解できる。それにしても世の中は「観光消費」という言葉をあまりに連呼しすぎではないか。筆者が仮に外国人で、目的地の日本が外国人客の財布を開かせようと一所懸命だと知ったら、即座に興ざめしてしまうに違いない。

三木清氏の著書『人生論ノート』（新潮社、1954年）に「旅について」という章がある。旅は「漂泊の感情」であるというのだ。漂泊とは文字通り、さまよい歩くことだ。旅の原点はここにある。だが、どこも「観光地化」されて便利になってしまえば、本当の旅が味わいにくくなる。中国人客について言えば、彼らは標準化されたものにもはや魅力を感じなくなってきている。

旅をする人は日常を離れ、多かれ少なかれその心情は感傷的になっているはずである。そこに「観光消費を落としてくれ」というのは、まったく相容れない態度だ。少なくとも迎え入れる側は、旅する人と同じ目線に立つべきではないだろうか。旅する人に寄り添う気持ちを持つだけでも、十分な「インバウンド対策」だといえるだろう。

インバウンドに沸く日本で、私たちは旅をする側の心情を置き去りにしている。ネット環境・決済端末などの設備投資やハードとしての施設の充実も必要だろうが、それ以上に大事にすべきなのは、土地の人々が旅する人に「どう向き合うか」ではないだろうか。筆者が注目しているのは、福知山公立大学の中尾誠二教授が提唱する「コミュニケーション・ツーリズム」という新しい考え方だ。それは「人に会いに行く旅」だと換言することができる。旅の満足度は「人との出会い」が決めるといってもいいだろう。いかに景観や名湯に恵まれても、地元の人々がそれを過信するならば、来訪者にとってまったく魅力のない土地となり、たとえ観光資源が乏しくても地元の人との対話が楽しめれば、それこそが心に残る旅になる。岐阜県高山市の國島芳明市長も「景観や温泉に頼るのではなく、（求められているのは）地元生活者の人間力」だと語っている。今こそ、〝人ありき〟のインバウンドを見つめ直したいものだ。

また「開拓する楽しみ」も残しておいてほしい。地元の人にとってはありふれた風景でも、それを探し当てたことに喜びを感じる訪問者もいる。

丸山太郎氏の著書『松本そだち』（信濃路、１９７６年）からは、彼の松本のまちづくりに対する強い思いが読み取れる。丸山氏は民芸品の収集のみならず、「古い町並み」にもこだわった。

「旅の人びとが、私の家の路地に残った数棟の土蔵、瓦は落ちてみすぼらしいが、いとも懐かし気に写真をとっていく。城下町としての松本の名残を郷里に持ち帰りたい気持ち、ふるさとの心にふれる気持ち、それを見逃してはならない」

今から40年以上も前の1976年に出版された本だが、まちづくりの本質はまったく変わらないことに気づかされる。その土地ではみすぼらしいものでも、外からの訪問者にとっては価値があるという視点は、今なお必要とされるメッセージだ。日本全体が「観光ズレ」したつまらない町の集まりにならないようにと願うばかりだ。それには、まず日本人が旅に出て旅とは何かを知るべきなのだろう。インバウンドもいいがこれからはアウトバウンドに目を向けたい。

2000年代中盤の日本のインバウンドの黎明期、道なき道を開拓する人たちの背中を見て、筆者もまた筆を走らせてきた。こんにち、これほどの人とお金が日本にもたらされることは、当時誰も予想しなかったことだ。それだけに筆者は、こうしたパイオニアたちの粘り強い取り組みに敬服せずにはいられない。そのパイオニアの一人が先日、こう漏らした。

「今の日本のインバウンドは、数と消費を追うことばかり。理念もなければ哲学もない」

彼は行政側の人間だが、さすがに〝行きすぎ感〟を募らせていた。日本人にふさわしい、等身大のインバウンドに原点回帰したいところだ。

この本を執筆するに当たり、多くの方々が取材を支えてくださった。一人ひとりのお名前を出せないのが残念だが、ここに厚く御礼を申し上げたい。また、時事通信出版局代表取締役社長の松永努氏、出版事業部長の舟川修一氏の両氏より頂いた、温かくまた粘りあるご指導に心からの感謝の気持ちをお伝えしたい。これにさかのぼるのが時事通信社・内外情勢調査会とのご縁、数多くの素晴らしい方々との出会いが今につながっているのだと改めて思う。

なお、この原稿の下地になるのが、ダイヤモンド・オンライン、ＪＢｐｒｅｓｓ、ニッポンドットコムでの執筆である。それぞれに優れた編集者との連携でタイムリーな記事を発信できたことを有り難く思っている。

正直、「間に合ってよかった」というのが今の心境である。認知症が進む母はかつて小出版社の編集者をしていた。果たしてこれを読んでもらえるのか。何もできない私のせめてもの孝行になれば報われる。

２０１７年７月

姫田　小夏

【著者紹介】
姫田 小夏（ひめだ・こなつ）
フリージャーナリスト。アジア・ビズ・フォーラム主宰

1967年東京都生まれ。1997年から上海へ。翌年上海で日本語情報誌を創刊。2008年夏、同誌編集長を退任後、語学留学を経て上海財経大学公共経済管理学院に入学、修士課程（MPA）修了。2000年代中盤からインバウンドをウォッチ、「ダイヤモンド・オンライン」「JB press」などで最新動向を連載中。著書に『中国で勝てる中小企業の人材戦略』（テン・ブックス）、共著に『バングラデシュ成長企業――バングラデシュ企業と経営者の素顔』（カナリヤコミュニケーションズ）。時事通信社・内外情勢調査会講師。

インバウンドの罠《わな》 ――脱《だつ》「観光消費《かんこうしょうひ》」の時代《じだい》

2017年8月5日　初版発行

著　者：姫田 小夏
発行者：松永　努
発行所：株式会社時事通信出版局
発　売：株式会社時事通信社
〒104-8178　東京都中央区銀座 5-15-8
電話03（5565）2155　http://book.jiji.com

印刷/製本　株式会社太平印刷社

ISBN978-4-7887-1532-5　C0036　Printed in Japan